AF672127

*„Stelle dich deiner Angst.
Wenn du durch sie hindurch gehst, entsteht Freiheit
- alles ist möglich!“*

Ina Kern

ANGST macht FREI

Wie deine Angst dich heilen kann

© tao.de in J. Kamphausen Mediengruppe GmbH, Bielefeld
1. Auflage 2016
Autor: Kern, Ina
Umschlaggestaltung, Illustration: tao.de
Lektorat, Korrektorat: Kern, Ina

Printed in Germany
Verlag: tao.de in J. Kamphausen Mediengruppe GmbH, Bielefeld,
www.tao.de, eMail: info@tao.de

Bibliografische Information der Deutschen Nationalbibliothek: Die Deutsche Nationalbibliothek verzeichnet diese Publikation in der Deutschen Nationalbibliografie; detaillierte bibliografische Daten sind im Internet über http://dnb.d-nb.de abrufbar.

ISBN Hardcover: 978-3-96051-316-2
ISBN Paperback: 978-3-96051-315-5
ISBN e-Book: 978-3-96051-317-9

Das Werk, einschließlich seiner Teile, ist urheberrechtlich geschützt. Jede Verwertung ist ohne Zustimmung des Verlages unzulässig. Dies gilt insbesondere für die elektronische oder sonstige Vervielfältigung, Übersetzung, Verbreitung und sonstige Veröffentlichungen.

Inhaltsverzeichnis

Einleitende Worte

Die Angst wohnt dem Menschen inne. Aus spiritueller Betrachtung heraus ist sie die Folge der Trennung von (einem grenzenlosen) Gott: *Weil du dich von Gott getrennt hast, spielst du dich selbst als Gott auf und merkst dann, wenn du an deine Grenze kommst, dass du (dein Ego) doch nicht Gott bist, eben weil es diese Grenze gibt.* Diese Grenze ist gleichbedeutend mit deiner Angst; sie ist quasi deren Synonym. Und zwar ganz unerheblich, ob du dich mit Gott (oder einem anderen „übergeordneten, universellen Prinzip") im Leben siehst oder ohne ihn – die Grenze ist da!

Wenn du die neurologischen, biologischen, evolutionären und psychologischen Aspekte und vor allem die zigfachen Einzelbezeichnungen und Diagnosen der Angst außer Acht lässt, erkennst du die wahre Ursache deiner Angst. Erst durch ein „nacktes" Sehen ihrer tatsächlichen Entstehung, hast du die Möglichkeit, mit deiner Angst konstruktiv umzugehen, um sie so im besten Falle aufzulösen oder zumindest so abzuschwächen, dass deine Lebensqualität wieder ein erfreuliches Maß erreicht.

Mein kleines Buch will dir einen Weg in die Freiheit weisen und spricht dich ganz direkt an, weil DU es bist, der Angst hat und kein virtueller Mensch da draußen in der Welt. Es ist DEINE Entscheidung für ein Leben ohne Angst oder zumindest für ein „gesundes“ Leben innerhalb deiner Möglichkeiten.

Angst hat viele Gesichter und ist weit mehr als eine Diagnose und gleichfalls weniger. Angst gehört zum Menschen und hat ihren Sinn - und ich meine nicht den Sinn, den die Psychologie und deren Therapie dir erklärt, nämlich als Flucht- oder Kampfhilfe und sie damit auf den animalischen Reflex reduziert. Nein, die Angst ist in gewisser Weise unbezahlbar! Warum, wirst du wissen, wenn du das Buch zu Ende gelesen hast. Es ist möglich, dass durch das Lesen eine gewisse „Umprogrammierung“ in deinem „kognitiven Speicher“ stattfindet und du etwas Erleichterung verspüren kannst. Voraussetzung ist, dass du dich dem was hier beschrieben wird, öffnest, denn wenn du es annimmst, kann Heilung geschehen.

Du wirst hier mehrfach den Hinweis auf das *Ego* finden, weshalb ich zum besseren Verständnis vorab erklären möchte: Das Ego ist das, was du glaubst zu sein, sein zu müssen oder werden zu wollen. Es ist die Kopfstimme, die dich antreibt, die dir Angst macht und dich begrenzt. Alles andere, das, was das Ego nicht ist, ist das, was du *wirklich* bist!

Angst ist Beschränkung

In jedem Nachschlagewerk wirst du ausführliche Beschreibungen über die Angst finden, weshalb es hier nicht notwendig ist, explizit auf eine Definition einzugehen. Interessanter ist der Wortstamm der Angst, der auf dem indogermanischen „anghu“ basiert, was „beengend“ bedeutet und verwandt ist mit dem lateinischen „angustus“, was ebenfalls die Bedeutung für „Enge, Beengung“ hat (Wikipedia). Interessant deshalb, weil du hieraus erkennen kannst, wie intensiv Körper und Geist verbunden sind, denn das Gefühl von Angst zeigt sich in seiner körperlichen Entsprechung deutlich als Symptome der Beengung. Sicher kennst du den Klos im Hals der das Atmen eng macht oder den Druck auf der Brust der die Atmung kurz und flach macht und das Gefühl keine Luft mehr zu bekommen. Und hier, im körperlichen Ausdruck findest du ganz deutlich das was die Angst mit dir macht: Sie engt dich ein auf allen Ebenen deines Daseins!

Angst entsteht in deinem Kopf, also im Geist, im Denken. Der Angstgedanke schränkt deinen Körper ein und damit deinen gesamten Handlungsspielraum. Wenn du als Mensch von Angst beherrscht wirst, lebst du in einem sehr begrenzten Radius. Einerseits gedanklich, weil der Geist nur „beschränkte“ Gedanken zulässt, woraus ein sehr beschränktes Leben (im wahrsten Sinne des Wortes) entsteht, das lediglich gewohnte, konditionierte, der Angst gefällige Ansichten kennt, was einem Gefängnis gleicht oder in ganz ausgeprägten Fällen, dem Stillstand und dem Tod. Deine Angst verstärkt sich dann, wenn du auf Menschen triffst, die außerhalb deiner beschränkten Wahrnehmung leben, denn sie machen dir (Angstmensch) durch die Demonstration ihrer gelebten „Freiheit" Angst. Denn der Angstmensch empfindet Menschen, die in „Freiheit von Angst" leben, als bedrohliche Alien; diese könnten ja den geschützten, bewachten Rahmen durch neue, frische Ansichten sprengen, was zu großer Verunsicherung führen würde.

Das Angst-Spektrum ist breit. Es beginnt bei kleineren Unsicherheiten, die sich manchmal als Scheu oder Schüchternheit ausdrücken und geht dann über in Beklommenheit, also diffuse, komische, beengende Gefühle, die sich dann zu Zwängen weiterentwickeln oder in Phobien ausarten können. Die Grenze der „Krankhaftigkeit" der Angst ist nach oben offen und zeigt sich in akuten Fällen als Panikattacke, Schockstarre oder Lähmung und in den schlimmeren Fällen kommt Paranoia oder grundsätzliche Lebensangst hinzu.

Der körperliche Aspekt der Angst

Obwohl Angst auf der geistigen Ebene ihre Ursache und Entstehung hat, ist es wichtig zu wissen, was genau bei Angst und Panik körperlich geschieht. Du weißt sicherlich bereits, dass der Körper auf das „Signal" Angst reagiert, wenn Gefahr besteht, egal ob real oder nur irreal so wahrgenommen. Um dich auf Kampf oder Flucht ausrichten zu können, mobilisiert der Sympathikus deines Körpers alle Mechanismen. Er fährt die Bereitschaft hoch, was sich wie folgt auswirkt: Durch die Ausschüttung von verschiedenen Botenstoffen wie u.a. Adrenalin steigen Herzfrequenz und Blutdruck, die Atmung wird flacher und schneller, der Muskeltonus erhöht sich usw. All dies ist ein gesunder Ablauf, der dir im Falle von tatsächlicher Gefahr das Leben rettet.

Geschieht im Angstmoment tatsächlich etwas, wirst du bedroht und musst aktiv werden oder reagieren, dann nimmst du all diese Mechanismen des Körpers nicht wahr, eben weil du mit Kampf oder Flucht beschäftigt bist. Die Blasen-, Magen- und Darmaktivität ist für diesen Moment der höchsten Anspannung und Aktivität lahmgelegt, was ebenfalls eine natürliche überlebensnotwendige Einrichtung ist. Bei Tieren kannst du diesen Mechanismus deutlich beobachten. Zum Beispiel ist es für den Hund unmöglich sein Geschäft zu erledigen, wenn an Silvester die Böllerei losgeht, weil er sich im permanenten Fluchtreflex befindet. Wenn Tiere in freier Wildbahn gejagt werden, ist jedes körperliche Bedürfnis für die Dauer der Bedrohung wie ausgelöscht.

Ist es aber so, dass keine tatsächliche Gefahr besteht, dass du dir die Bedrohung lediglich in deinem Geist, quasi in Form eines Hirngespinstes vorstellst, sieht die Sache anders aus. Eben weil du nicht aktiv mit Flucht oder Kampf beschäftigt bist, bist du überhaupt in der Lage, diese körperlichen Aspekte wahrzunehmen. Nur weil du passiv bist, kannst du all' diese natürlichen Mechanismen, wie Schwitzen, Zittern, Schwindel, Atemnot überhaupt empfinden. Und dieses „außergewöhnliche" Wahrnehmen der im Grunde völlig natürlichen Abläufe deines Organismus steigert die Angst zur Panikattacke. Die Symptome sind als solche nicht gefährlich oder gar lebensbedrohend. Es ist ganz einfach nur so, dass du diese Symptome nur im Passiv-Zustand wahrnehmen kannst. Würdest du im Falle tatsächlicher Gefahr ungewöhnlicherweise diese Mechanismen wahrnehmen können wärest du in deiner Kampfhandlung massiv gehemmt. Es ist also ein natürlicher Schutz deines Organismus, dass im Falle von Handlung die Angst gar nicht da ist, weil du sie im Handeln quasi „vergisst". Erst im Nachhinein, also nach dem Kampf, spürst du die Erschöpfung, wenn der Parasympathikus den Organismus wieder herunterfährt auf das Normalmaß oder tiefer in die Entspannung. Der natürliche körperliche Ablauf bei Angst/Gefahr ist also, dass der Sympathikus den Organismus hochfährt und der Parasympathikus ihn wieder hinunterfährt. Und das geschieht ganz automatisch, ohne dass du hierfür etwas tun müsstest (oder gar könntest).

Das Gute ist, dass du jetzt weißt, dass deine Panikattacke einen ganz natürlichen Verlauf hat und dass sich alles von alleine wieder in das gesunde körperliche Maß reguliert. Du musst also in deiner Panikattacke überhaupt nichts tun, gar nichts, sondern einfach nur abwarten, bis der Parasympathikus seine Arbeit macht und Puls, Blutdruck und Atmung usw. wieder in ein Normalmaß bringt. Ist das nicht wunderbar? Du musst gar nix machen, einfach nur stillsein, dasitzen, abwarten, eine Pause machen, bis sich dein Körper wieder ins Gleichgewicht gebracht hat. Du kannst da hundert Prozent hinein vertrauen, denn dein Organismus reguliert alles perfekt, ganz ohne dein Zutun.

Im Gegenteil: Sobald du dich in die natürlichen körperlichen Prozesse einmischst, ergibt sich eine Disharmonie, ein Ungleichgewicht und der Körper muss sich anstrengen, um wieder in den Ausgleich zu kommen. Je schneller du dich auf deinen Körper einlässt und dem vertraust was gerade geschieht, desto schneller bist du deine Panikattacke los.

Die Entstehung von Angst

Am Anfang ist der Gedanke – und aus dem Gedanken entsteht die Welt! Das gilt nicht nur für die Schöpfungsgeschichte, sondern auch für deine Lebensgeschichte, also wie und was du im Laufe deines Lebens gestaltest. Alles hat seinen Ursprung in deinem Geist, in deinen Gedanken, in deiner Vorstellungswelt, also Phantasie. Zuerst ist da eine Idee, über deren Umsetzung du dann nachdenkst. Du planst und setzt Ziele, was Handlung bedeutet. So wird aus Geist (Idee) Materie (die Umsetzung des Zieles, also z.B. Haus, Karriere, Erfolg, Auto, Gucci-Tasche usw.). Das Werkzeug, das du zur Umsetzung der geistigen Vorstellung in Materie nutzt sind die Gedanken, die in Summe den Verstand bilden. Insofern haben also die Gedanken Kraft, Gestaltungskraft.

Es wird dich jetzt vielleicht nicht verwundern, wenn ich dir sage, dass die Kraft der Gedanken nicht nur zur Umsetzung deiner Wünsche in Materie genutzt wird, sondern auch zum Ausdruck von Gefühlen, Empfindungen, Emotionen, woraus ebenfalls Handlung erwächst; bei positiven Gedanken entsteht Freude, die dich entsprechend positiv handeln lässt, aus negativen Gedanken entsteht Negatives – also auch Angst!

Die Angst erwächst in vielen Fällen aus der Sorge heraus. Du übernimmst von deinen Eltern nicht nur Werte, Meinungen, Verhaltensmuster, Überzeugungen, die dich durch dein Leben dirigieren, sondern du lernst auch die Gefühle und Emotionen kennen, wie sie deine Eltern (und dein soziales Umfeld) dir vorleben. So gibt es Ängste, die du automatisch durch das sogenannte „Lernen am Modell" von deinen Idealen (Eltern, Autoritäten, Idole) übernommen hast. Alles, worauf die Mutter ängstlich reagiert, wird auch für das Kind angstbesetzt sein und dabei ist es gleichgültig, ob es sich um eine reale Gefahr handelt oder um eine fiktive, ob das Lebewesen, Dinge oder Situationen betrifft oder einfach nur die „herbeigedachte" Angst, dass an der nächsten Straßenecke ein Auto kommen und das Kind überfahren könnte.

Die Ängste, die auf etwas hinweisen, was noch gar nicht da ist, die quasi in die Zukunft projiziert werden, stellen einen hohen Prozentsatz der Angststörungen dar. Denn abgesehen von der Angst, die durch das „Modellernen" ganz automatisch in dich einprogrammiert wird (denn als Kind kennst du aus deiner Ursprünglichkeit heraus gar keine Angst), wohnt die Angst vor der Zukunft dem (erwachsenen) Menschen inne. Wahrscheinlich kennst du das: Du hast etwas geplant, das in ein paar Tagen stattfinden soll und du verbringst jetzt schon jede Minute damit, darüber nachzudenken, was du alles tun musst, wie du dich richtig verhalten solltest, damit das Event bei den anderen gut ankommt. Das ist die erste Stufe.

Die Steigerung ergibt sich dann aus den Vorstellungen darüber, was alles nicht klappen, schief laufen oder in die Hose gehen könnte oder du dich blamieren und die Leute dich auslachen könnten. In der Bezeichnung Be-fürchtung steckt das Wort Furcht und genau das ist es, was dieses Gedankenkarussell am Laufen hält: der leere Raum zwischen der Gegenwart, also dem jetzigen Moment und Ereignissen, die in der Zukunft stattfinden. Das ist die Hauptursache vieler Ängste: Die Lücke des *„Nicht-Wissens"*, auf keine Erfahrung zurückgreifen zu können, weil die Situation neu ist und noch nie zuvor erlebt wurde, was bedeutet, dass keine Sicherheit vorliegt! Ebenso schwierig wird es, wenn dieser Event schon einmal in der Vergangenheit stattfand und du ihn als negativ abgespeichert hast. Hier verstärkt sich die Angst, wenn du diese Bilder innerlich Revue passieren lässt, weil du fürchtest, dass es wieder schief gehen könnte.

„So ist denn das, wovor wir uns fürchten,
die Wiederholung des Alten, des Vergangenen,
der Gedanke an das, was gewesen ist,
projiziert in die Zukunft.
Darum ist das Denken für die Furcht verantwortlich.
Das ist so, Sie können es selbst sehen:
Wenn Sie einer Tatsache unmittelbar gegenüber stehen,
gibt es keine Furcht.
Nur wenn der Gedanke hinzukommt,
entsteht Furcht."

Jiddu Krishnamurti

Angst ist ein Denkfehler

Der Körper, als eigenständige Einheit betrachtet, ist vom Grundsatz her auf Gesundheit eingestellt. So lange keine äußere Einwirkung stattfindet, „läuft" er völlig reibungslos und harmonisch. Er ist so geschaffen, dass er ohne deine geistige Einmischung seine alltäglichen Abläufe aus sich heraus reguliert. Diese Abläufe sind quasi programmiert und zwar außerhalb deiner Selbst. Du kannst das ganz leicht feststellen, indem du dir die Frage stellst, was dich atmen lässt. Oder kannst du etwa Einfluss auf deinen Herzschlag nehmen oder auf die Schnelligkeit deiner Verdauung? Bist du in der Lage, deinen Augen den Befehl zu geben, nicht zu schauen (natürlich bei geöffneten Augen)? Ist es nicht in letzter Konsequenz so, dass du, zumindest auf die lebensnotwendigen körperlichen Prozesse, keinen wirklichen Einfluss hast?! Also scheint es offensichtlich so zu sein, dass es Dinge im Menschen gibt die außerhalb seiner Macht liegen.

Natürlich möchte dein Geist (Ego) jetzt noch den Einwand bringen, dass alles vom Gehirn gesteuert wird. Dann bleibt es trotzdem dabei, dass du selbst, als Ich, als Person, als Mensch der diesen Körper „besitzt", nicht wirklich Einfluss nehmen kannst, denn sonst hättest du ja die Macht, über dein Gehirn deine organischen Abläufe zu steuern, was nicht der Fall ist (was du ja nun gerade während einer Panikattacke spürst - die totale Machtlosigkeit!).

Und genau diese Tatsache, dass du in deiner menschlichen Existenz in allerletzter Konsequenz keine Kontrolle hast, macht dir Angst; Angst vor dem Tod, auf den du ebenfalls keinen Einfluss nehmen kannst, es sei denn, du hast Suizid-Absichten. Du meinst zwar, dein Leben durch gesunde Ernährung, Fitness und eine stimmige work-life-balance „im Griff" zu haben, also quasi deine Lebensdauer bestimmen zu können; aber schlussendlich ist auch dies eine Illusion, denn wenn es sein soll, stirbst du, was auch immer du versuchst dagegen zu tun - das ist Fakt! Je mehr du gewillt bist, diese Tatsache hinzunehmen, desto weniger Angst musst du haben, dein Leben zu verlieren. Du musst nichts mehr kontrollieren, weil es nichts zu kontrollieren gibt!

Wenn du also akzeptierst, dass du schlussendlich nichts in der Hand hast, dass du nicht der Letztentscheider in dieser Welt bist, umso leichter lässt es sich leben, weil du keine Kontrolle mehr ausüben musst! Angst entsteht, wenn dir die Kontrolle entgleitet bzw. wenn du an deine Grenze kommst und erkennst, dass irgendwann Schluss ist mit deiner Macht. Das Leben führt dich an diese Stelle, damit du deinen Denkfehler erkennst: Du (Ego) glaubst nämlich, du wärst Gott, alles geschähe nach deinem Willen und du könntest alles steuern, dirigieren und haben was du willst.

Und an dieser Stelle, an der dein „endliches" Ego offensichtlich wird, entsteht die Panikattacke. Das völlige Entgleiten der Kontrolle, was sich als Machtlosigkeit und Hoffnungslosigkeit zeigt. Das ist der „Sinn" und Hintergrund deiner Panikattacke: Erkenne an, dass du „nur" ein Mensch bist, mit Stärken, aber auch mit Schwächen, mit ganz natürlichen Grenzen, die dich liebenswert machen.

„Wenn der Geist - wozu auch das Gehirn gehört -
versucht, die Furcht zu überwinden,
sie zu unterdrücken, zu disziplinieren,
sie unter Kontrolle zu halten, sie anders zu benennen,
entsteht Spannung, entsteht Konflikt,
und dieser Konflikt ist Energieverschwendung.
So müssen wir uns als erstes fragen,
was Furcht ist und wie sie entsteht."

Jiddu Krishnamurti

Die Macht(losigkeit) des Geistes

Wenn du an dieser Stelle erkennst, dass du schlussendlich in allerletzter Konsequenz keine Macht bzw. Kontrolle hast, „entlarvst" du damit deinen Geist. Denn der Geist, den ich mit dem Ego-Verstand, also dem menschlichen „Ich", dem „Persönlichkeitsgefühl", gleichsetze, ist der Urheber aller Angst- (und auch sonstigen) Problematiken. Das Ego treibt dich mit seinem Denken, also seiner Überzeugung das Größte zu sein und alles in der Hand zu haben, in den Größenwahn. Es glaubt alles steuern und kontrollieren zu können.

Dies ist in einem bestimmten Rahmen auch tatsächlich so, denn der Geist, also die Fähigkeit des Denkens, wurde dir zur Gestaltung deines Lebens gegeben. In der Tat hast du einen gewissen freien Willen und darfst dich in dieser Welt (der Dualität) so einrichten, wie es dir durch deine Anlagen bestimmt ist. Je mehr du dabei aus deinem natürlichen Potential lebst, desto erfolgreicher und zufriedener wirst du in deinem Leben sein. Wenn du deine Talente und Stärken lebst, wirst du auf der Sonnenseite sein; allerdings nur dann, wenn du gleichfalls auch deine Schwächen, Schatten und Grenzen anerkennst. Denn jeder, der permanent über seine natürlichen Grenzen hinweg lebt, wird unweigerlich von der Angst gestoppt. Das soll nicht heißen, dass du deine Grenzen nicht ausloten sollst, im Gegenteil.

Die natürlichen Grenzen, die hier gemeint sind, sind die Grenzen der „inneren Persönlichkeit“, wir können es auch dein „Selbst“ nennen. Hier die Grenze anzunehmen bedeutet, dass du „in dir“ bleibst, also „dir selbst treu bleibst“. Du kennst das bestimmt oder hast es schon bemerkt: dieses innere Wahrnehmen dessen, was du wirklich bist. Ein Fühlen von Stimmigkeit, Richtigkeit, Wahrheit in den Momenten, in denen du ganz du selbst bist, in denen du das lebst, was in dir angelegt ist und dir entspricht. Und auch bei Entscheidungen trifft dein inneres Spüren von Richtigkeit die Wahl.

Wenn du allerdings kognitiv, also mit dem Ego-Verstand entscheidest, wirst du über kurz oder lang merken, dass dich diese Wahl an die Grenze deiner Natur bringt, weil die Kopfentscheidung nicht das befürwortet, was deinem inneren Lebensbild entspricht. Die Angst, die du dann spürst, soll dich auf diesen „falschen Entscheidungsweg“ hinweisen und dich wieder zu dir selbst führen. Wenn du nach deiner inneren Wahrnehmung entscheidest (dein Selbst spürst), tut sich ein Gefühl von Weite und Freiheit auf und es entsteht eine Gewissheit, dass das, was du „gefühlt“ entschieden hast, für dich richtig ist. Die Angst verwandelt sich hier in ihr Gegenteil: in das Vertrauen deiner eigenen Wahrnehmung, was zu Selbstsicherheit führt!

Erweiterung deines Lebensraumes

Und dann gibt es diese andere Grenze, ich nenne sie mal den „Radius" deines Handlungsspielraumes oder auch Lebensraumes. Schau das Foto der Wasserringe: In der Mitte ein zentraler Ausgangspunkt, da stehst du. Um dich herum siehst du sich fortfolgend erweiternde Kreise analog zum Radius deines Lebensraumes in dem du dich in deiner jeweiligen Lebensphase befindest. Die Erweiterung deines Handlungsspielraumes basiert auf Lernen und damit dem Wille, dich auf Neues einzulassen. Dein Radius vergrößert sich also mit jeder neuen Fähigkeit, die du erlernst, mit jeder Challenge, der du dich stellst und mit jedem Hindernis, das du erfolgreich bewältigst und somit mit jedem Angstpunkt (an der Schwelle zum nächsten Wellenkreis) den du überschreitest.

Lernen beginnt in deinem ersten Lebensjahr: du übst zu krabbeln und zu laufen und dein Aktionsradius erweitert sich dadurch; du lernst zu sprechen und gewinnst damit die Möglichkeit, dich auszutauschen. Immer weiter vergrößert sich dein Lebensradius mit jeder Fertigkeit, die du erlernst. Du gehst in den Beruf, musst Prüfungen abgeben, Verantwortungen tragen und so weiter. Immer wieder Neues, Unsicherheiten aushalten, durchgehen, die Angst hinter dir lassen.

Und genau das ist das Problem des Angst-Menschen: Die Angst lässt nicht zu, dass du deinen Radius vergrößerst. Sie will dich kontrollieren und klein halten, damit sie noch den Überblick hat. Und wer ist der Kontrollierende tatsächlich? Ja, das bist du selbst in Form deines Ego! Sobald du verstehst hast, dass du selbst es bist, der die Angst im Sinne des Denkfehlers erschafft, hast du dir die Macht zurück geholt. Und das ist es, was geschehen muss, damit du heil wirst und frei von Angst:

„Stelle dich deiner Angst.
Wenn du durch sie hindurch gehst, entsteht Freiheit
– alles ist möglich!"

Mache es wie das Kleinkind: Stelle dich in deinen Kreis und beginne zu laufen! Wie oft fällt ein Kind bis es laufen und sein Gleichgewicht halten kann? Sicher mehrere hundert Male. Wie oft versuchst du eine Hürde zu nehmen? Einmal oder zweimal? Und dann gibst du auf. Weil es anstrengend ist. Hast du dich schon einmal gefragt, wie es wäre, wenn du als Kleinkind mit dem Versuch Laufen zu lernen, aufgehört hättest? Was wäre heute mir dir, wenn du damals für dich entschieden hättest: „Nö, das Ganze ist mir zu anstrengend, da krabbel' ich lieber weiter auf dem Boden rum, ich falle immer hin und das tut mir weh, das will ich nicht mehr?" Wo wärest du denn heute, wenn du nicht als kleiner Knirps die Angst vor dem Fallen einfach beiseite geschoben und jede Anstrengung auf dich genommen hättest? Warum tust du das heute nicht mehr? Warum bist du so wehleidig geworden? Warum scheust du jede Anstrengung und verlierst gleich die Hoffnung? Weil du (Ego) es nicht wirklich WILLST! Du willst deinen Lebensraum nicht erweitern, weil du dann mutig sein musst, dich neu organisieren musst und weil das anstrengend sein kann. Es ist dir zuviel, du fühlst dich überfordert, es ist so unbequem!

Dem Kleinkind ist keine Anstrengung zu groß, weil es intuitiv spürt, dass es allein an ihm selbst liegt, sein Ziel zu erreichen. Es hat den unbedingten Willen, frei zu werden von allem was es eingrenzt und so vertraut es ganz natürlich in all' seine Kräfte, um dort hin zu gelangen, wohin es will. Es DENKT NICHT DARÜBER NACH, ob es sein Ziel erreichen kann oder nicht! Es lässt keine Zweifel zu, weil sie ohne das Denken gar nicht existieren!

Dich deinen Herausforderungen zu stellen, befreit dich von Illusionen, die du über dich selbst und über dein Leben hast. Es reicht nicht zu träumen, sondern du musst es tun. Niemand verwehrt es dir, deinen Radius zu überschreiten und so deinen Lebensraum zu erweitern, damit du dich unbeschwert fühlen kannst. Wenn du frei sein willst, musst du Sicherheiten (die Hand) loslassen, musst dich auf Neues einlassen und einfach weiter gehen, fallen und weiter gehen, fallen und weiter gehen .... . Wenn du dabei an die Grenze deiner „Komfortzone" stößt und Angst entsteht, dann nimm' sie als das an, was sie ist: einfach nur ein Zeichen dafür, dass du gerade dabei bist, mutig eine Hürde zu nehmen, die deinen Lebensraum erweitern und bereichern wird.

„Weil ich keinen festen Halt habe,
muss ich äußeren Halt suchen.
Das kann der Besitz sein,
an dem ich mich festklammere.
Oder es kann ein Mensch sein.
Wenn ich aber von einem Menschen absoluten
Halt und absolute Geborgenheit erwarte,
werde ich ihn überfordern.
Und er wird meine tief sitzende Angst
letztlich nicht beruhigen können.

Anselm Grün

Angst als Leitfaden

Wenn du die Angst als dieses Zeichen, also als ein neutrales Signal der „Grenzüberschreitung" wahrnehmen und willkommen heißen kannst, dann hast du es geschafft, deinen Blick auf die Angst um 180 Grad zu drehen. Das schreckliche Gesicht verliert seine Bedrohung; die Angst wird zur „Schönheit", die dein Leben bereichern kann, wenn du ihren „erschaffenden Impuls" erkennst. Die Angst dient dir sozusagen als „Leitfaden" für dein Leben und provoziert im positiven Sinne dein kreatives Potential.

Ich las vor vielen Jahren ein Buch von Pema Chödrön, einer buddhistischen Nonne. Leider ist mir der Inhalt nicht in Erinnerung geblieben, aber umso mehr der Buchtitel und ich zitierte ihn des öfteren, wenn ich mit Angstmenschen zu tun hatte. Der Titel lautet: „Geh' an die Orte, die du fürchtest" und drückt genau das aus, was ich hier als Leitfaden für dein Leben beschreiben möchte. Denn die Orte, die du fürchtest, symbolisieren dein persönliches Entwicklungspotential! Alles wovor du Angst hast, will von dir „besiegt" werden, damit du dein gesamtes Potential zum Ausdruck bringen kannst. Spirituell betrachtet würde das bedeuten, dass die Angst dich „nach Hause leitet", zu dir selbst, zu der Bestimmung, die du leben sollst. Und wenn du da bist, lebst du ein Leben ohne Angst, weil du ganz du selbst sein darfst.

Wenn du an die Grenze eines Handlungskreises kommst, ist der natürliche Ablauf wie folgt: So lange du dich innerhalb deines Wirkungskreises befindest, fühlst du dich wohl; du befindest dich in deiner „Komfortzone". In diesem Raum kennst du dich aus, alles ist dir vertraut. Dein Gehirn hat alle Aspekte dieses Bereiches abgespeichert und greift bei Notwendigkeiten aller Art auf diese Informationen zurück. Es erinnert sich also an alles, was du schon einmal erlebt oder vollbracht hast, weil sämtliche Erlebnisse und Erfahrungen vom Gehirn aufgezeichnet werden (etwa wie ein Tonband oder eine Schallplatte). Innerhalb deiner Komfortzone wiederholen sich die Dinge fortlaufend und es ist leicht, sie zu bewältigen, weil dein Gehirn lediglich die entsprechende Erfahrung „aus dem Regal ziehen" oder die gewünschte „Platte auflegen" muss. In dieser Komfortzone ist keine Angst vorhanden, weil der Erfahrungsspeicher dir Sicherheit gibt.

Dann kommt von außen eine neue Aufgabe auf dich zu; sei es der Chef, der etwas von dir möchte, was du noch nie zuvor getan hast, sei es ein neuer Partner, der dich mit Gewohnheiten konfrontiert, die dir fremd sind. Alles, was anders ist, als das was du kennst und dir vertraut ist, kann Angst auslösen; manchmal nur oberflächlich als Unsicherheit oder komisches Gefühl wahrgenommen. Das Ungewohnte macht Angst, weil du auf keine

Erfahrung zurückgreifen kannst, nichts ist in deinem Gehirn darüber abgespeichert, kein Regalplatz vorhanden, keine Platte, die aufgelegt werden kann. Dein Geist beginnt zu rotieren, er sucht und sucht nach Lösungen, die nicht aufzufinden sind. Du kommst an deine Grenze, du hast keine Ahnung was du machen sollst. An dieser Stelle wird dir klar, dass du keine Lösung parat hast; das Gefühl von Hilflosigkeit stellt sich ein.

Wenn du in diesem Moment, in dem du Unsicherheit verspürst, achtsam bleibst und erkennst, dass hier einfach nur eine Aufgabe in dein Leben kommt, die dich auffordern möchte, „neues Denken", Frische und Kreativität in deinen Geist zu bringen, dann kann die Angst schnell vergehen. Wenn du die Angst nicht unterdrücken, wegschieben und loswerden möchtest, sondern in diesem Moment einfach nur „ja" zu ihr sagst, dann hat sie ihren Sinn erfüllt. Denn sie möchte dich nur darauf hinweisen, dass dir jetzt die Möglichkeit gegeben wird, deinen Lebensraum zu erweitern.

Wenn du „ja" zur Angst sagst dann sagst du gleichfalls „ja" zum Leben, denn Leben fließt, Leben ist Veränderung und bedeutet, jeden Tag etwas Neues zu erfahren! Wenn der „kritische Punkt" überwunden und das jeweilige Angst-Thema bewältigt ist, lebst du automatisch in der nächsten Komfortzone (im größeren Kreis), und zwar so lange, bis die nächste Herausforderung in dein Leben tritt und du diese wieder bewältigst und der Kreis sich abermals vergrößern kann; im Prinzip unendlich. Die kritischen Punkte können sich auch als Krisen im Sinne negativer Live Events zeigen bei denen es vielleicht um Trennung, um Verlust oder vermeintliches Versagen geht. Du wirst aber feststellen, dass der entstehende neue Lebensraum ein besonders großes, weites, tiefes Potential mit sich bringt, gerade weil die Herausforderung schmerzvoll war. Vertraue darauf, dass das Leben dir genau die Angstpunkte „liefert", die für die Entfaltung deines in dir angelegten Potentials wichtig sind. Dieser Weg führt dich in die Freiheit von „kranken" Gedankenkonzepten oder Geisteshaltungen, auf der deine Angst basiert und die du durch das „Durchgehen durch die Angst" zur Auflösung bringst. Die Enge verschwindet, dein Weg wird weit, alle Möglichkeiten stehen dir offen.

Es gibt auch kritische Punkte, die durchweg positive Ursachen haben können. Manchmal verbirgt sich hinter einem besonders freudigem Life Event, wie zum Beispiel einer Hochzeit, ein ganz enormes Angstpotential: Angst vor Veränderung, Angst vor der Beziehungs-Verantwortung, Angst vor der bevorstehenden Elternrolle usw. Manch einer wundert sich, wenn es ihm nach einem solchen glücklichen Ereignis schlechter geht als zuvor, wenn Ängste entstehen oder schlimmstenfalls auch eine Depression eintritt. Hintergrund ist „einfach nur" der, dass für den neuen Lebensabschnitt und die sich darin befindlichen Veränderungen und Aufgaben noch keine Erfahrungen im Gehirn abgespeichert sind auf die zurückgegriffen werden kann.

Krankheit ist das Ergebnis
geistiger Unvollkommenheit,
das mangelnde Vermögen,
gesund zu denken
und dem Geist die Herrschaft
über den Körper zu geben.

Ralph Waldo Emerson

Durch Angst zur Selbsterkenntnis

Wenn du an der Grenze deiner Komfortzone angekommen bist, kann sich die Angst auch zur Panik steigern, etwa wenn Gedanken hinzu kommen wie zum Beispiel „hoffentlich merkt keiner, dass ich keine Ahnung habe" oder „wie sehen mich die anderen, was denken sie von mir?" Du hast Angst dein Gesicht zu verlieren und befürchtest, die anderen könnten erkennen, dass du doch nicht so perfekt bist, wie du dich bisher gezeigt hast. Die anderen, das können die Kollegen sein, der Chef, der Partner oder die Partnerin, der Vater oder die Mutter, die Freunde oder auch du selbst in deinem eigenen Bild, das du von dir gemacht hast, deinem Ideal, dem du nachstrebst. All' diese Gedanken (= Erwartungen) erhöhen deinen Stress um das Mehrfache.

Unter den Angstmenschen gibt es viele Perfektionisten, also Menschen, die über die natürlichen Grenzen hinaus leisten wollen, egal ob in Schule, Studium, Beruf oder in Freizeitgestaltungen wie Sport, Kultur oder Wissen aller Art; aber auch in einer perfekten Äußerlichkeit, also körperlicher Schönheit. Oft steckt dahinter ein vermeintlich niedriger Selbstwert, der sich durch überdurchschnittliche Leistung verbessern möchte und hinter dem vermeintlich niedrigen Selbstwert wiederum steckt das Ego, dein Antreiber, dem nichts gut genug ist, was du machst. „Vermeintlich" deshalb, weil es den Selbstwert (inklusive Selbstwertgefühl) so gar nicht gibt. Es handelt sich hier lediglich um ein Gedankenkonzept deines Egos (mehr über diesen „Komplex" kannst du in meinem Buch „Sei du selbst - ohne Wert" lesen, wenn du magst).

Das Ego, das bist du, besser gesagt, das Bild das du von dir hast, die Person, die du glaubst zu sein, die du nach außen zeigst und mit der du mit deinen Mitmenschen interagierst. Das Ego will immer gut dastehen und möglichst das Beste sein, egal worin. Und je verbissener es seine Ziele verfolgt, umso mehr musst du nach außen eine Stärke demonstrieren, die manchmal gar nicht da ist. Du meinst dann, du müsstest alles können und keiner dürfe merken, dass du eigentlich nur wenig Ahnung hast. Und je mehr du befürchten musst, dass die anderen hinter deine Maske blicken und deine Schwächen erkennen könnten, umso vorsichtiger musst du sein, umso kontrollierter alles im Blick haben, was dich auf Dauer nicht nur geistig, sondern auch körperlich überfordert. Durch die ständige Aufmerksamkeit, die du nicht nur deiner Aufgabe, sondern auch gleichzeitig deinem Umfeld widmen musst, verschleißt du eine Unmenge an Energie.

Die Angst entsteht dabei oft schleichend, langsam und spielt sich dann bis zur inneren Panik empor. Wenn du sie unterdrückst und nicht wahrnehmen willst, versucht sie sich über den Körper zu zeigen. Zuerst sind es Unpässlichkeiten, die dein Ego noch als Immunschwächen oder Infektionswellen oder Stress verkauft. Und das klappt gut, denn auch deine Mitmenschen sind fest im Griff ihres Egos und verkaufen ebenfalls ihre Schwächen gerne als Krankheit. Es wird bagatellisiert, verdrängt, geleugnet. Das Ego kennt alle Abwehrmechanismen, um die Angst nicht wahrhaben zu wollen bzw. nicht hinter sie blicken zu müssen. So ist es möglich, über einen längeren Zeitraum hinweg (oftmals über Jahre) deine Schwächen zu verbergen, hauptsächlich vor dir selbst. Dein Ego trampelt über deine natürlichen Grenzen hinweg aus nur einem Grund: Es will nicht zeigen, wer du wirklich bist. Warum willst du dein Menschsein mit deinen natürlichen Anlagen nicht akzeptieren? Bist du dir zu wenig? Reichst du nicht aus? Ist denn alles nicht genug? Bist du nicht wunderbar, so wie du bist?

Die Angst zwingt dich dann in dem Moment, in dem du sie nicht mehr unterdrücken kannst, weil sie sich zu heftigen Panikattacken entwickelt hat oder als Burnout diagnostiziert wurde, zur EHRLICHKEIT. Endlich musst du zeigen, wer du wirklich bist: Ein Mensch mit natürlichen Grenzen und kein Ideal-Gott oder -Göttin. Diese Krise in deinem „Mensch-Sein“ ist die Möglichkeit für dich, geistig so gesund zu werden, wie du noch nie warst! Diese Krise ist ein Geschenk an dich: Endlich darfst du der sein, der du wirklich bist! Endlich die Maske abziehen, einfach nur Mensch sein mit seiner natürlichen Anlage, Stärken und Schwächen – was für eine ERLEICHTERUNG und Befreiung!

Die Angst-Krise in Form von Panikattacken oder Burnout sind also Zeichen der Überforderung und zeigen, dass du als Mensch mehr von dir verlangst, als du bist. Dein Ego, dem nichts gut genug ist, setzt dich permanent unter Druck, will von allem immer mehr und das immerfort. Egal in welchem Bereich deines Lebens sollst du besser, schöner, reicher, beliebter, braver, einfach toller sein als die anderen. Der Motor der das Ganze aufrecht erhält ist der Vergleich. Der Vergleich mit anderen Menschen, deren Situation, deren Können und Wissen, deren Möglichkeiten, deren Leistungen, deren Hab und Gut.

Hier entsteht die Angst in ihrer psychischen Form und du erkennst wieder einmal, dass alles bei deinen Gedanken beginnt: Ist der andere besser als ich? Kann ich jemals so gut werden wie er? Und du hast Angst, es nicht zu schaffen, es nicht zu erreichen und gibst alles, fortwährend. Du läufst innerlich permanent auf Hochtouren, weil du etwas werden willst, was du (scheinbar noch) nicht bist. Dieser innere Druck des „psychischen Werden-Wollens" kostet ganz nebenbei unglaublich viel Kraft und du fragst dich, warum du so müde bist.

Ängste, Panikattacken und Burnout sind in jeder Gesellschaftsschicht, in jeder Tätigkeit, in jedem Beruf, in allen Lebensbereichen zu finden. So ist es klar, dass die Entstehung von Angst nicht auf kulturellen, sozialen oder welchen äußeren Gründen auch immer basiert, wobei du den Einfluss der Gesellschaft nicht unterschätzen solltest, wenn du ihn zulässt. Schlussendlich jedoch entsteht die Angst allein in der Persönlichkeit des Menschen bzw. seines Egos. Es liegt an dir, ob du mit dir zufrieden bist, so wie du bist oder nicht. Selbst wenn man dich in der Kindheit in die Angst hinein geprägt hat (was selbstverständlich gesehen werden darf), liegt es als Erwachsener an dir, dich davon zu lösen. Egal also, was die Ursache deiner Angst ist, sie findet ihren Auslöser in dir, in deinem Ego-Geist, in deiner latenten Unzufriedenheit mit dir selbst, was bedeutet, dass du dich nicht annehmen willst, wie du bist: ein Wesen mit Stärken und Schwächen, so wie jeder andere Mensch übrigens auch. Es liegt an dir, dies einzusehen und zu verstehen. Nur du selbst kannst aus der Angst finden, indem du dich geistig auf Annahme deiner selbst, so wie du bist, einstellst und deine menschlichen Grenzen akzeptierst.

Warum warten bis zur Panikattacke oder bis zum Burnout? Wieso Krankheit herausfordern? Manche Angstpatienten erkennen oft erst in ihrem stationären Klinikaufenthalt, in der Reha oder in Psychotherapien, dass sie auf dem „falschen Weg" waren, dass sie nie ehrlich mit sich umgegangen sind und dass sie nie wirklich das gelebt haben, was sie eigentlich sind. Diese Erkenntnis mag zuerst schockierend sein, fließt aber letztendlich in ein Gefühl von Freiheit, die alles verändern kann.

„Ursache von Angst ist die Spannung zwischen dem,
was man ist und dem, was man sein möchte.
Angst entsteht, wenn wir das was wir sind,
als Belohnung oder Strafe auffassen.
In dem Widerspiel von Lust und Unlust
wohnt die Angst genauso,
wie im Aufeinanderprallen von Gegensätzen:
Anbetung des Erfolges erzeugt
die Angst vor dem Misserfolg.
Im Gutwerden lauert die Angst vor dem Bösen,
im Streben nach der Erfüllung
die Angst vor der Einsamkeit,
im Großwerden die Angst, doch noch klein zu sein.
Vergleichen heißt nicht begreifen.
Angst ist unsere Ungewissheit
im Streben nach Gewissheit."

Jiddu Krishnamurti

Das Schattenreich der Zwänge

Zwänge entwickeln sich aus unterdrückten Ängsten und negativen Emotionen, die in deinem „Schattenreich" (Unterbewusstsein) wirken. All das, was dir gefällt und du für gut heißt, hat seinen Platz in deiner bewussten „Wahrnehmungswelt". Sie spiegeln die gute Seite in dir, deine Stärken und alles Positive, was du mit dir und deiner Lebenssituation verbindest. Da unsere Welt bipolar, also dualistisch ist, existiert automatisch von allem auch „die Kehrseite der Medaille". So gibt es in dir Gefühle, die vielleicht gegen die Moral der Gesellschaft, gegen die Religion oder all die Ideale verstoßen, die du dir zum Vorbild gemacht hast. Da sind Emotionen wie Ehrgeiz, Neid, Wut, Zorn, Hass. Weil du diesen (negativen) Teil in dir nicht anerkennen willst (denn er würde ja dein illusorisches Ideal-Bild von dir zerstören), verschiebt dein Ego alle diese aggressiven Regungen in die Tiefe deines Erlebnisspeichers. Dort warten sie unruhig darauf, irgendwann in Aktion treten zu dürfen. All das geschieht unbewusst, das bedeutet, dass du sie außerhalb deiner Wahrnehmung (Bewusstsein) abgelegt hast, so als würden sie überhaupt nicht existieren.

Da es sie aber nun mal gibt, wollen sie von sich aus gesehen werden und klopfen immer wieder an die Kellertür. Dein Ego braucht viel Energie, um das Klopfen zu überhören und sich gegen die Tür zu stemmen, wenn die bösen Teile sich regen. Wenn du dich manchmal unerklärlich müde fühlst, kann es sein, dass du innerlich damit beschäftigt bist, etwas zu unterdrücken, was ans Licht kommen und gelebt werden möchte. Neben negativen Regungen, können das auch entsprechende Erlebnisse sein die, weil sie schmerzhaft waren, ebenfalls in den Keller des Unterbewusstseins abgeschoben wurden.

Wenn also dann die ungeliebten Teile ans Licht des Bewusstseins wollen kämpft dein Ego dagegen an. Schlau wie es ist, hat es nach Ersatzhandlungen gesucht, die den Sinn haben, den Druck hinter der Kellertür zu verschleiern, abzuschwächen und die Meuterei dahinter zum Schweigen zu bringen. Psychologisch betrachtet schafft die Zwangshandlung Erleichterung. Es ist quasi ein Ersatz, ein Mechanismus der Unterdrückung: In dem Moment, in dem das unbewusste „Material" nach oben kommt, weil es von dir angeschaut werden will, geschieht die Zwangshandlung und lenkt somit von der Wahrheit ab, die in dir rumort. Die Zwangshandlung wurde also „künstlich" von deinem Ego zur Unterdrückung deiner Schatten und Ängste geschaffen. Das Ego will nicht, dass du die Wahrheit über dich erfährst, denn es würde die Illusion seines Idealbildes, das es von dir hat, zerstören. Das ist die eine Seite.

Die andere Seite der Zwänge funktioniert im Sinne eines „Schutzmechanismus", der bei traumatisierten Menschen dann einsetzt, wenn Teile des schlimmen Erlebnisses ins Bewusstsein kommen wollen, das Ich sich aber nicht in der Lage sieht, sich mit diesem „Material" auseinanderzusetzen, weil es damit überfordert ist.

Ein zugrundeliegender Aspekt der Zwänge ist die Kontrolle. Wie schon wiederholt angesprochen, besteht dein Ego hauptsächlich aus dem Wunsch, dich, dein Leben und alle dazu gehörigen Menschen und Situationen kontrollieren zu wollen. Da dies aber nicht möglich ist, kommt es immer wieder an eine Grenze, an der Machtlosigkeit entsteht. Je stärker dein Ego kontrolliert, desto intensiver das Gefühl von Machtverlust und umso stärker Angst und Hilflosigkeit. Um gegen diese Angst und Hilflosigkeit anzugehen, entwickelt der Kontrollmensch Zwänge, denn er gesteht sich weder seine Angst, noch seine Gier nach Macht ein (denn das ist schlussendlich das, was Kontrolle wirklich will). Der Kontrollzwang beginnt, wenn du bemerkst, dass du dein Leben eben nicht unter Kontrolle hast. Das können Lebensphasen der Überforderung sein und dementsprechend sind auch die Zwänge auf diesen Zeitraum begrenzt. Oder die Zwänge beherrschen einzelne Bereiche deines Lebens, in denen du dich überfordert fühlst, also Teilaspekte deiner Persönlichkeit.

Zwänge aus Unsicherheiten und Instabilitäten zeigen sich in der wiederholten Kontrolle von Dingen und täglichen Abläufen. Man kann es fast als Ritual betrachten, zu dem sich ausgeprägte oder besser gesagt „eingeprägte" Zwänge entwickeln können. Einfach alles kann mehrfach (am Tag, in der Stunde) kontrolliert werden: Ist der Herd aus, die Tür verriegelt, der Wasserhahn zugedreht, die Fenster geschlossen, der Schlüssel eingesteckt? Mit der Überprüfung solcher alltäglichen Dinge, versicherst du dich, dass alles in Ordnung ist, dass du alles unter Kontrolle hast und so stellt sich das Gefühl von Sicherheit wieder ein.

Sind die Kontrollzwänge nicht permanent und kannst du ihre Ursache in Phasen der Überforderung finden, so sind sie weder schädlich noch krankhaft. Du kannst in ihnen dann einfach den Versuch deines Geistes sehen, deinen Organismus wieder in seine Komfortzone zu bringen. Anstrengende Lebensphasen, Herausforderungen, die überdimensionalen Einsatz fordern, wird es immer wieder in deinem Leben geben. Es ist legitim, wenn sich dein Überlebensmechanismus einen Ausgleich sucht, um stark und zuversichtlich bleiben zu können.

Solche „ungefährlichen", zeitlich begrenzte kleinen Zwänge sind zum Beispiel das Schritte- oder Stufen-Zählen, das Laufen nur auf bestimmten Flächen oder die hier dargestellten Kontrollgänge, wenn sie nur phasenweise stattfinden.

Ausgeprägte, krankhafte Zwänge können für die Betroffenen sehr belastend sein und das Leben tatsächlich einschränken, weil sie enorm viel Zeit beanspruchen. Beispielsweise wenn dich der Waschzwang zwingt, dich viermal am Tag zu duschen oder die Wäsche täglich zu waschen und die Wohnung mehrfach am Tag zu putzen usw.

Die Zwänge sind im Grunde gleichbedeutend mit Angst. Du kannst das ganz einfach feststellen: Erlaube dir nicht, deiner Zwangshandlung nachzugehen und du wirst entdecken, dass Nervosität, Unruhe, Angst oder gar Panik entstehen. Du kannst den Zwang also genauso behandeln wie die Angst selbst: dich der Wahrheit stellen und die Ursache des Zwangs herausfinden.

„Die Angst des Zwanghaften,
ist die Angst vor der eigenen Wertlosigkeit.
Ich erfahre mich in der Welt als wertlos.
Daher muss ich meinen Wert in der Welt beweisen
durch Leistung und Arbeit.
Doch je mehr ich mich anstrenge,
meinen Wert durch Leistung zu beweisen,
desto stärker wird die Angst.
Sie kann letztlich nur im Glauben überwunden werden,
dass ich so, wie ich bin, unabhängig von aller Leistung
von Gott bedingungslos angenommen bin.*

Anselm Grün

*Anm.: Gott ist aus meiner Sicht gleichbedeutend mit dir selbst und meint also die Selbstannahme.

Die Gesichter der Angst

Weil du dich dem wirklichen Thema deiner Angst nicht stellen willst, „verschiebst" du es (unbewusst) auf etwas scheinbar völlig anderes, das in einem unverfänglichen Kontext (zum Beispiel in einem anderen Lebensbereich) steht. Diese Projektion ist dann augenscheinlich das Problem, mit dem du dich an den Psychiater wendest. Beliebte Themen sind zum Beispiel die Angst vor dem Fliegen oder Autofahren. Alle möglichen Therapien, die an der Oberfläche durchaus Milderung bringen, können jedoch nicht dauerhaft deine Angst lösen (ohne Medikamente), wenn du nicht in die Tiefe gehst und die tatsächliche Ursache siehst. Und du erkennst die wahre Ursache nur, wenn du dein Angstthema hinterfragst und so Schicht für Schicht die Projektion auflöst. Hier ein paar Beispiele, die das Ganze verständlich machen sollen:

Angst vor dem Fliegen

Schau dir an, welche „Qualität" hinter dem Fliegen steht. Es geht nicht primär darum, dass du dich in einem relativ beengten Raum mit verschiedenen Leuten befindest (was nicht bedeutet, dass dies die Angst nicht zusätzlich verstärken kann). Vornehmlich geht es um folgendes: Da ist eine dir völlig fremde Person (Pilot), die quasi dein Leben in der Hand hat. Weder weißt du, wie man ein Flugzeug fliegt, noch hast du die Möglichkeit, ins

Fluggeschehen einzugreifen. Du bist für die Dauer des Fluges dazu verdammt, dich an das zu halten, was andere dir sagen. Du hast nichts in der Hand, bist völlig machtlos dem Geschehen ausgeliefert. Du musst dich ganz ergeben in eine fremde Organisation und du kannst nicht überprüfen, welcher Qualität das Personal entspricht, welchem du dich „hingeben“ musst. Du bist in der völligen Ungewissheit, alles liegt außerhalb deiner Kontrolle.

Ein Mensch, der weniger dazu neigt, Macht oder Kontrolle ausüben zu wollen, wird kaum Angst vor dem Fliegen haben. Er ist möglicherweise einfach „einfacher“; er denkt nicht darüber nach, dass er im Grunde keine Kontrolle, keine Macht und keine Handhabe hat. Und selbst wenn er sich diese Gedanken macht, so hat er nichts dagegen, sein Leben anderen anzuvertrauen, weil er akzeptiert, dass der Pilot es besser kann, als er selbst. Je größer deine Flugangst, desto mehr Machtanspruch muss dein Ego haben, denn Kontrolle ausüben zu wollen, ist Macht haben zu wollen. Die Angst ist die Kehrseite des Vertrauens, was bedeutet, dass du nicht in die Fähigkeiten anderer vertraust. Wahrscheinlich glaubst du, dass es keiner so gut kann wie du. Würdest du selbst fliegen, hättest du keine Angst vor dem Fliegen (oder zumindest deutlich weniger).

Was bedeutet Fliegen, was assoziieren wir damit? Geht es nicht um Leichtigkeit, sich tragen lassen, schweben, loslassen, ohne Erdung sein? Ein

Kontrollmensch kann nicht „fliegen". Er sucht Sicherheit in seiner Struktur. Er besitzt Bodenhaftung und kann sich nicht leicht gehen lassen, weil er immer schauen muss, dass er alles im Griff hat, alles in Ordnung ist und dass die, denen er Aufgaben übertragen hat, auch korrekt funktionieren.

Wenn du Angst vor dem „freien" Leben hast und diese Beschreibung auf dich zutrifft, wirst du ein entsprechend anstrengendes Leben führen. Das, was deine Angst vor dem Fliegen dir zeigt bedeutet, dass du loslassen sollst, dass du dich vom Leben tragen lassen sollst und anderen Menschen zugestehen sollst, dass sie ebenso ihre Fähigkeiten haben wie du. Im Übrigen ist es eine Illusion zu glauben du könntest alles absichern. Im Grunde kannst du überhaupt nichts wirklich absichern im Leben. In allerletzter Konsequenz bist du machtlos. Wenn du dich in diese Machtlosigkeit hinein ergibst, wird sich die Angst auflösen.

Um dir selbst auf die Schliche zu kommen, frage dich: Was genau möchte ich kontrollieren? Gestehe ich anderen das Recht zu, die Dinge so machen zu dürfen, wie sie es selbst wollen oder möchte ich jedem meine Sicht „aufdrücken"? Ärgere ich mich über Menschen, die Dinge anders machen als ich? Bin ich wirklich tolerant? Kann ich anderen vertrauen? Was passiert, wenn ich nicht kontrolliere? Bin ich wirklich so stark wie ich mich gebe? Wer bin ich ohne meine Kontrolle?

Angst vor dem Autofahren

Im Gegensatz zur Flugangst geht es beim Autofahren quasi um die Kehrseite der Medaille: hier ist niemand der für dich steuert, sondern du selbst sollst das „Ruder in der Hand halten". Du allein sollst dich dorthin navigieren, wo du hin willst. Das Auto bringt dich von A nach B; immer geht es darum, eine Strecke hinter sich zu lassen, weiter zu fahren, neue Ziele zu erreichen. Mit dem Auto kannst du deinen Wirkungskreis vergrößern, zumindest was deinen äußeren Lebensrahmen betrifft. Das Auto bietet dir höchste Flexibilität und Freiheit. Du bist der Kapitän und steuerst dein Schiff durch das Meer des Lebens. Es geht dort hin, wo du hin willst, du bist der Entscheider, du gibst den Weg vor. Alles liegt an dir, du bist der Chef. „Toll", sagt der eine „Puhh" sagt der, der Angst hat, sein Leben in die Hand zu nehmen und Verantwortung für sich zu tragen.

Wenn du Angst vor dem Autofahren hast, dann suchst du nach Anlehnung, willst nicht alleine entscheiden, immer soll jemand bei dir sein oder mitmachen. Du bist abhängig und unfrei. Du kannst das daran feststellen, dass dir das Autofahren mit großer Wahrscheinlichkeit leichter fällt, wenn jemand mit fährt, der dir durch sein Dasein Sicherheit gibt. Offensichtlich sieht es so aus, dass du es dir nicht zutraust, selbständig für dich zu sorgen. Warum nicht? Frage dich - und die Antwort sollte nicht die sein, dass man dir das nie beigebracht hat, du nie eine Chance hattest, bla, bla, bla. Selbst wenn dein Start ins Leben nicht auf Rosen gebettet war kannst du für dich entscheiden (sobald du erwachsen, also „aufgewacht“ bist), das zu ändern und zu lernen.

Kann es sein, dass hinter deiner Angst, möglicherweise ein wenig Trägheit steckt? Kann es sein, dass es weitaus bequemer ist, sich chauffieren zu lassen, als die Dinge selbst in die Hand zu nehmen? Ist es vielleicht ein wenig anstrengend, für sich selbst sorgen zu müssen? Überfordert es dich, mit den Konsequenzen, die deine Entscheidungen natürlicherweise mit sich bringen, zu leben? Ist es nicht einfacher, wenn man sagen kann, dass der andere an einer „Fehl“-entscheidung Schuld hat? Wenn du nie selbst fährst, kannst du auch nicht dafür verantwortlich gemacht werden, wenn man sich verfahren hat. Schau dir ehrlich an, was deine Beweggründe sind und frage dich, ob dies deinem Umfeld gegenüber fair ist.

Wenn du nicht alleine Auto fahren möchtest, hast du mit deiner Angst auch immer eine Ausrede parat. Überhaupt macht sich die Angst als Ausrede gut, egal in welchem Thema, in welchem Lebensbereich, in welcher Situation. Wenn du sagst, dass du Angst hast, ist dies eine recht leichte Entschuldigung, etwas nicht tun zu müssen. Schau dir an, welche Wahrheit hinter deiner Angst vorm Autofahren steht. Wo ist Bequemlichkeit? Habe ich eine erwartende Einstellung meinem Umfeld gegenüber? Bin ich bequem und faul? Oder bin ich einfach nur desinteressiert am Leben, habe keine Ideen und keine Kreativität, mir Ziele zu überlegen, die ich gerne „ansteuern" würde, um meinen Horizont zu erweitern? Ist es mein Anspruch an das Leben, die anderen für mich schuften zu lassen? Welche Abhängigkeiten existieren und aus welcher möchte ich mich zuerst befreien?

Angst vor Tieren

Hast du Angst vor Tieren, so schau dir an, was sie für dich symbolisieren, welches Bild du von ihnen hast. Nehmen wir als Beispiel den Hund und ich meine nicht den kleinen verspielten Welpen oder den zur totalen Anpassung dressierten Hund. Ich denke da an den Hund, der noch in seiner natürlichen Art, seinem „Charakter" lebt, dem man also in gesundem Rahmen seinen Willen gelassen hat. Der Hund ist ein zutiefst ehrliches Wesen und er zeigt dir glasklar, was er möchte und was nicht. Er hat unfassbare Freude in sich und gleichfalls schützt er erbarmungslos sein Revier oder das, was er will bzw. nicht will. Wenn der Hund auf seinesgleichen trifft, dann wird sehr schnell deutlich, ob er den anderen mag oder nicht. Im Falle von Mögen wird gespielt und im Falle von Nichtmögen zeigt er seine Zähne.

Ich kann bei diesem Thema etwas ausholen, weil ich selbst mit einem Hund lebe und unglaublich viel von ihm gelernt habe. Zum Beispiel dass es manchmal notwendig ist, Grenzen zu ziehen, oder durchaus auch aggressiv sein Revier zu verteidigen. Worum es hier geht, was der Hund dir zeigt, ist Ehrlichkeit. Ehrlichkeit dir selbst, aber vor allem auch anderen Menschen gegenüber. Es geht darum, das verteidigen zu dürfen, was du bist und leben möchtest. Du hast aber Angst vor deiner Aggressivität und neigst dazu, dir negative Regungen zu verbieten. Du befürchtet, dass, wenn du ehrlich bist, Grenzen ziehst und deine Schattenseite zeigst, die anderen dich dann nicht mehr mögen. Wenn du aber nicht ehrlich bist und dir deine negativen Gefühle nicht zugestehst, entsteht ein innerer Konflikt, der zur unkontrollierten Entladung kommen kann und weil du das in dir spürst hast du natürlich auch davor Angst! Im Falle von Angst vor Hunden frage dich also: Bin ich ehrlich mir selbst und anderen gegenüber? Bringe ich klar zum Ausdruck was ich möchte? Ziehe ich Grenzen und schütze mein Selbst, wenn notwendig? Gestehe ich mir überhaupt zu, Aggressivität zu leben? Welche Folgen befürchte ich, wenn ich Aggressivität zum Ausdruck bringe?

Ein anderes Beispiel ist die Angst vor Pferden, vor diesen wunderschönen Tieren, die offensichtlich überhaupt keinen Grund aufweisen könnten, in irgendeiner Weise Angst auslösend zu sein. Doch wenn wir genau hinschauen, so mag schon einmal die Größe des Pferdes Respekt einflössend sein. Man kann es vielleicht sogar als eine gewisse

Autorität sehen mit Stärke, Kraft, Ausdauer, Macht. Und natürlich ist auch das Pferd absolut ehrlich, wie jedes andere Tier, und zeigt ganz klar seine Vorlieben und das, was es nicht mag.

Ich laufe manchmal an einer Pferdekoppel vorbei und obwohl ich mich mit Pferden überhaupt nicht auskenne, habe ich allein durch die Beobachtung dieser Herde einiges lernen dürfen. Hier geht es in hohem Maße um Rangordnung und Durchsetzung. Ganz deutlich drückt das Pferd seinen Wunsch nach Freiheit und Selbstbestimmung aus. Ich habe mehrfach gesehen, dass ein Pferd sich auf der Koppel versteckt, wenn der Besitzer es zum Ausreiten holen will und es gar keine Lust zum Ausritt hat. Das wilde Pferd symbolisiert den Drang nach Freiheit. Es ordnet sich im Grunde nur dann dem Menschen unter, wenn sein Wille gebrochen wird (siehe das „Einreiten“ der sich sträubenden und kämpfenden Pferde in Westernfilmen). Das bedeutet, dass der Reiter einen noch stärkeren Willen (Ego) besitzen muss, um dieses Tier „unterwerfen“ zu können bzw. wollen.

Wenn du Angst vor Pferden hast, dann frage dich: Habe ich Scheu meine eigene Stärke zum Ausdruck zu bringen? Ist es mir bewusst, dass ich stark sein kann und genug Kraft habe, meine Bedürfnisse wo notwendig durchzusetzen? Spüre ich eine Sehnsucht nach Freiheit? Fühle ich mich eingeschlossen? Lasse ich mich dominieren, von einem Menschen oder meinem eigenen Ego-

Verstand (= einschränkende Überzeugungen)? Möchte ich auch gerne Macht ausüben? Was hält mich davon ab, Freiheit, Macht und meine ganze Kraft zu leben?

Es ist klar, dass in diese Beispiele mein persönliches Wahrnehmen einfliest. Es kann sein, dass du beim Hund oder Pferd völlig andere Wesensmerkmale empfindest und deshalb natürlich deine ganz eigenen Fragen stellen musst. Das ist ein subjektives Erspüren, das dann auch deine Prägung offenlegt, also das Charakterbild, das man dir über dich, sowie über die Tiere, vermittelt hat. Alleine das ist auch schon aufschlussreich, um deiner „Programmierung" auf die Spur zu kommen. Tiere zu „unterwerfen" hat an sich, egal um welches Tier es sich dreht, grundsätzlich den Geschmack von Machtausübung.

Prüfungsangst

Angst vor Prüfungen impliziert natürlich die Angst zu versagen. Das ist recht einfach zu entlarven. Eine Prüfung ist ein Test der ganz klar aufzeigt, ob du das, was du meinst zu können, auch tatsächlich kannst. Es geht also wieder einmal um Wahrheit. Prüfungen zeigen, ob das, was du da theoretisch von dir gibst, auch tatsächlich in der Praxis von dir erfüllt werden kann. Kann es sein, dass du manchmal etwas von dir gibst, was du gar nicht wirklich weißt? Kann es sein, dass du vielleicht mehr scheinen möchtest, als du bist? Machst du dich gerne interessant (durch Wissen oder Fertigkeit)? Hast du letztlich einfach Angst, dass die anderen sehen, was wirklich hinter deiner Fassade steckt?

Oder geht es darum, dass du dir nicht zutraust, die Prüfung zu bestehen? Warum nicht? Hast du dich nicht gut genug vorbereitet, zu wenig gelernt, es auf die leichte Schulter, also nicht ernst, genommen? Stehst du im Widerstand mit der Prüfung und glaubst sie wäre unnötig? Akzeptierst du nicht, dass die Prüfung nun mal erforderlich ist?

Vielleicht traust du dir die Prüfung nicht zu, weil man zu dir immer gesagt hat, aus dir würde eh' nix und du würdest sowieso nie was in deinem Leben erreichen? Glaubst du das etwa? Stimmt das denn wirklich? Hast du dir denn die Möglichkeit gegeben, selbst herauszufinden, was in dir steckt? Gibst du dir die Chance, eine eigene Meinung über dich bilden und beweisen zu dürfen, dass du es sehr wohl kannst oder weißt? Meinst du nicht, dass, wenn du dich anstrengst und dein Bestes gibst, du doch auch die Möglichkeit haben kannst, es zu schaffen? Und solltest du es nicht schaffen, wäre das vielleicht ein Hinweis für dich, dass das, worum es hier geht, einfach nicht das ist, was du für dich leben sollst.

Dein Talent ist ganz klar in dir angelegt. Wenn du es noch nicht deutlich in dir spürst (vielleicht weil du ein junger Mensch oder „an dir vorbei konditioniert“ bist), dann kommst du deiner inneren Veranlagung dadurch auf die Schliche, indem du erkennst, in welchen Prüfungsbereichen du „glänzt“ und in welchen du vermeintlich versagst. Das Versagen ist nützlich und sinnvoll, weil es dir zeigt, dass das, was hier das Thema ist, nicht deiner Anlage entspricht. Wahrhaft erfolgreich sein kannst du nur in den Bereichen, die deinem Talent entsprechen und du erkennst deine natürliche Anlage an der Freude, die du bei diesen Dingen empfindest. Ein Versagen einfach nur so als etwas Negatives darzustellen ist unrichtig. Versagen zeigt lediglich mal wieder die Wahrheit - und daran ist nichts Schlechtes!

Angst in engen Räumen (Klaustrophobie)

Klaustrophobiker haben Panik bei der Vorstellung in engen Räumen (Fahrstuhl) eingesperrt zu sein und fühlen sich beengt, wenn sie von Menschenmassen umgeben werden. Es ist wohl offensichtlich, dass es sich hier um das Thema Beengung, Begrenzung, Einengung handelt. So frage dich: Wo in meinem Leben fühle ich mich beengt? Betrifft dies einen, verschiedene oder alle Lebensbereiche? Wird mein Wirkungskreis eingeschränkt? Wodurch? Kann ich alles, was ich bin, nach außen leben? Welche Autoritäten, Bedingungen, Regeln, Dominanzen begrenzen mich? Könnte ich das ändern? Welche einengenden Gedanken, Überzeugungen und Glaubenssätze wirken in mir? Weshalb lasse ich es überhaupt zu, begrenzt zu werden? Habe ich Angst vor dem, der/das mich begrenzt oder dominiert? Habe ich vielleicht Angst, mein gesamtes Potential zu leben? Was würde geschehen, wenn ich das leben und ausdrücken würde, was ich mir bislang nicht erlaube? Wie wäre mein Leben, wenn ich nicht im Gefängnis säße? Wie bin ich dorthin gekommen? Scheue ich mich, die Regeln zu brechen, die mich eingesperrt lassen? Möchte ich vielleicht keine Verantwortung für mein eigenes freies Wirken tragen? Wer oder was nimmt mir die Luft zum Atmen?

Angst vor freien Flächen (Agoraphobie)

Die Agoraphobie wird manchmal mit der Klaustrophobie verwechselt, weil es hier auch um die Angst vor Menschenansammlungen gehen kann, jedoch hier im Sinne von weiten Plätzen (agora = Marktplatz), bestimmten Orten und Situationen. Die Angst entsteht dadurch, dass du dir im Vorfelde vorstellst was an diesen Plätzen (Ereignissen) passieren könnte. Du spinnst dir Situationen zusammen, in denen du (negativ) auffällst, dich lächerlich machst oder dich blamierst. Die Angst verstärkt sich, wenn du dort alleine bist, keine schützende oder vertraute Person um dich hast oder weil keine Fluchtmöglichkeit besteht. Du siehst dich wildfremden Menschen ausgeliefert.

Im Grunde geht es hier um die Angst vor Kontrollverlust. „Beliebte" Orte sind Einkaufscenter, Veranstaltungen, Straßenfeste etc. Du hast die

Vorstellung, dass dort etwas Peinliches passieren, dass du dich blamieren könntest und alle Leute schauen dir dabei zu. Du hast Angst, „dein Gesicht zu verlieren", was im Umkehrschluss bedeutet, dass es dir sehr wichtig ist, was andere von dir halten. Du möchtest möglichst immer gut dastehen, vielleicht sogar auch im Mittelpunkt, was du aber nie zugeben würdest. Der Wunsch im Mittelpunkt zu stehen fristet ein Schattenleben und wirkt aus diesem heraus, indem er dir das Gefühl gibt, dass andere dich anschauen oder sogar beobachten. Du fühlst dich im Kernpunkt des Geschehens, obwohl dich keiner tatsächlich beachten muss. Du glaubst nur, es wäre so, weil du es dir im Geheimen wünscht. Gerade weil du gut dastehen möchtest, bist du angespannt und genau dann können – wie wir alle wissen – Fehler passieren. Eine sogenannte „self fulfilling prophecy" bestätigt dann wiederum, dass du Recht hast und an solchen Orten immer aufpassen musst, dass die Angst vor solchen Geschehnissen also gerechtfertigt ist.

Frage dich: Warum ist es mir so wichtig, gesehen zu werden und warum gestehe ich mir das nicht ein? Was ist so schlimm daran, wenn mir etwas Peinliches passiert? Kann ich über mich selbst und meine kleinen Macken lachen? Darf ich Fehler machen und schwach sein? Welches Bild habe ich von mir selbst? Bin ich das wirklich? Habe ich Furcht davor, was andere von mir denken/halten? Warum?

Sozialphobie

Wenn du Angst vor Menschen hast, dann befürchtest du ihre Erwartungen nicht erfüllen zu können oder auf Ablehnung zu stoßen. Dahinter steht das Thema Vergleichen und Bewerten. Weil der Sozialphobiker an körperlichen Symptomen leidet (Nervosität, Schwitzen, Verkrampfung, Hemmung und Erröten), hat er zusätzlich Angst, man könnte ihm dies ansehen und es entsteht so die Angst vor der Angst.

Auch hier kann es sich, wie bei der Agoraphobie, um ein Paradox handeln: Du fühlst dich nicht Wert, möchtest aber wertig sein und suchst die Bestätigung bei anderen. Das Gefühl von Wertigkeit kann aber nicht von anderen ausgehen, sondern nur von dir selbst. Wenn du glaubst, die anderen würden etwas von dir erwarten, dann deshalb, weil du selbst Erwartungen an andere hast. Wenn du dich fragst, welche Erwartungen du an andere hast, wirst du feststellen, dass es die gleichen sind, die du anderen unterstellst.

Alles beginnt mit dem Vergleichen und Bewerten. Frage dich: Wieso vergleiche ich mich überhaupt und nach welchen Maßstäben tue ich das? Sind es wirklich die anderen, die mich bewerten oder bin ich das nicht selbst? Wenn du ehrlich bist, wirst du feststellen, dass alles von dir ausgeht: jedes Bewerten, jedes Vergleichen, jedes Messen.

In meiner therapeutischen Arbeit hatte ich einmal mit einem Mädchen im Abi-Alter zu tun, das wegen Unsicherheit, Schüchternheit und Erröten zu mir kam. Es dauerte eine Weile, ihre inneren Widerstände zu lösen, aber schlussendlich reichte ein einziger (wahrer) paradoxer Satz aus, um sie nachhaltig von ihrer Sozialphobie zu heilen. Sie selbst sagte mir im Rückblick, dass es dieser Satz gewesen sei, der alles in ihr veränderte. Er lautet: „Nimm dich nicht so wichtig". Ich weiß, das ist brutal, aber so kann die Wahrheit nun mal sein, wenn es notwendig ist. Es war sehr berührend zu sehen, wie sich dann auf einen Schlag alle ihre inneren Begrenzungen und Ängste lösten. Seit diesem Satz musste sie kein einziges Mal mehr meine Hilfe beanspruchen und genießt ihre Freiheit.

Zwänge

Wie bereit ausgeführt, sind die Zwänge mit der Angst verwandt bzw. es entsteht Angst, wenn du deinen Zwängen nicht nachgibst. Zwang ist somit eine Kompensation der Angst und seine Ursache ist ebenfalls hinter seinem „Thema" zu finden. Es geht also wie bei der Angst um das Hinterfragen, damit es zur dauerhaften Auflösung und Heilung kommen kann. Es ist leicht zu erkennen, dass die Themen Waschen und Putzen mit Reinheit, Reinlichkeit und Sauberkeit zu tun haben oder im Umkehrschluss mit Schmutz und Unreinheit. Natürlich bezieht sich das nur oberflächlich betrachtet auf das äußere Bild, also zum Beispiel auf das tägliche Waschen von Wäsche, das zigfache Säubern der Hände, die Desinfektion der Toilette nach jedem Toilettengang, das Benutzen äußerst scharfer Putzmittel, die möglichst alle Bakterien abtöten sollen. Die Liste des „Sauberkeitswahns“ ist unendlich und es wird tragisch, wenn nicht nur der Betroffene, sondern Partner und Kinder mit diesem Putzzwang leben müssen. Worum es hier wirklich geht ist die innere Reinheit; damit sind (unbewusste) Gedanken, Wünsche, Neigungen, Phantasien, gemeint, die du unterdrückst.

Wenn du an solchen Zwängen leidest, kommen folgende Fragen für dich in Betracht: Fühle ich mich unrein? Habe ich „schmutzige“ Gedanken oder Phantasien, die ich mir nicht erlaube, auszuleben oder die ich negativ bewerte und ablehne? Wo in meinem Leben, in welchem Bereich fühle ich mich nicht rein bzw. in Übereinstimmung mit dem, was ich mir vorstelle? Habe ich „unreine“ Gedanken? Verurteile ich mich oder fühle ich mich schuldig, für etwas (Unreines), was ich getan habe? Sind diese Gedanken, Phantasien, Vorstellungen oder Wünsche tatsächlich „schmutzig“? Wer sagt, dass sie das sind? Halte ich jemanden im meinem Umfeld für schmutzig oder unrein? Bin ich authentisch, sage ich das, was ich innerlich auch meine und handle ich in Übereinstimmung mit dem, was ich gerne möchte? Mache ich manchmal Dinge, die ich gar nicht will? Warum tue ich das? Gibt es bestimmte Menschen, für die ich das tue? Glaube ich, „schlecht“ zu sein und wenn ja, warum? Ist das tatsächlich so oder bilde ich mir das nur ein?

Die Bandbreite der Zwänge und Tics ist groß und manchmal sind diese recht offensichtlich auch erkennbar in alten, überlieferten Sprüchen. Zum Beispiel wenn jemand den Tic hat, sich die Haare herauszuziehen. Hier kannst du dir die Fragen stellen: Was ist in meinem Leben zum „Haareraufen“? Mit was komme ich nicht klar? Wenn du andererseits bedenkst, dass der „Skalp“ bei den indianischen Völkern als Trophäe angesehen wird und der Häuptling durch sein überdimensioniertes Gefieder seine Macht und Position aufzeigt, kannst du auch an die Fragen denken: Warum stutze ich mein eigenes Haupt? Entziehe ich mir selbst Macht oder Anerkennung? Beim Nägelkauen „stutzt du deine Krallen“ und kannst dich fragen: Darf ich mich nicht „aggressiv“ verteidigen? Muss ich stillhalten? Darf ich nicht „böse“ sein? Ist Aggression verboten und wer verbietet mir das? Bin ich autoaggressiv und was ist der Grund dafür?

Zwang hat im Grunde auch etwas mit Sucht zu tun und so ist die generelle Fragestellung berechtigt: Wonach suche ich? Was fehlt mir vermeintlich? Was unterstützt meinen Zwang oder meine Sucht? Was gibt mir mein Zwang? Was kompensiere oder verdecke ich damit? Was geschieht, wenn ich meiner Sucht nicht nachgebe? In welchen

Momenten entsteht der Zwang? Welche Auslöser kann ich erkennen?

Das Wichtigste beim Hinterfragen von Angst, Zwang und Süchten ist, dass du nicht zu früh damit aufhörst. Das bedeutet, dass du erst dann an der Wurzel der Ursache angelangt bist, wenn es kein „Warum" mehr gibt und keine weitere Frage bzw. Antwort mehr möglich ist bzw. offen bleibt. Beendest du dein Hinterfragen zu früh, bleibst du in der Projektion stecken und die Angst kann sich nicht auflösen, weil ihr Ursprung nicht (vollständig) bewusst wurde. Völlig klar ist dabei, dass es sich hier um einen Prozess handelt, was bedeutet, dass ein Angstkomplex wahrscheinlich mehrfach hinterfragt werden muss. Das ist völlig in Ordnung und ganz natürlich. Trotzdem geschehen Wunder, weshalb du niemals ausschließen solltest, dass es auch durchaus einmal möglich sein kann, dass du deinem Angstthema in nur einer „Frage-Session" auf den Grund gehen kannst. Nur verlange es keinesfalls, denn du würdest dich unnötig unter Erfolgsdruck setzen, was Erwartung bedeutet und diese Erwartung kann den Erfolg blockieren. Bleibe also möglichst locker und sei nachsichtig mit dir.

Wahrheit
ist die Sprache der Heilung

Ina

Nicht-Handlung im Angstmoment

Wenn dich die Angst bereits ergriffen hat und dabei ist, dich vereinnahmen zu wollen, wenn bereits akute Panik eingetreten ist, versuche dich wie folgt zu verhalten:

- *Sage „ja" zur Angst und nimm sie an in diesem Moment, denn es ist schon so, wie es ist: die Angst ist da. Du musst sie nicht gut heißen, sie nicht bewerten, sondern einfach nur akzeptieren, dass sie da ist.*
- *Gehe nicht in den Widerstand, versuche nicht, die Angst wegzuschieben, sondern lasse sie bleiben und sage dir: „Die Angst ist da. Auch wenn es mir nicht gefällt, aber sie ist da. Sie darf da sein. Es hat seinen Grund, warum sie da ist. Ich kann ihn zwar noch nicht erkennen, aber so ist es. Ich werde mich später darum kümmern."*
- *Sieh' alles mit Abstand, so als wärest du ein Medizinstudent und würdest emotionslos den Ablauf von Panik beobachten. Es ist ein ganz natürlicher Vorgang. Nichts daran ist ungewöhnlich oder lebensbedrohlich. Es ist von Vorteil, wenn du grundsätzlich über die natürlichen körperlichen Abläufe informiert bist, weil es dir Sicherheit gibt, wenn du weißt, was kommt.*

- *Bleibe in dieser Distanz und entdecke, welche Gefühle, Emotionen und Gedanken die Angst bei dir hinterlässt und notiere alles, was in dir vorgeht (natürlich nur, wenn möglich!).*
- *Wenn akute Panik da ist, versuche ganz ruhig zu sitzen, irgendwo auf einem Stuhl oder Sessel, aufgerichtet und aufmerksam. Halte deine Hände über Kreuz vor deine Brust; mache tiefe Atemzüge und lass' den Atem von innen deinen Brustraum weiten. Wenn du möchtest, kannst du dir dabei vorstellen, dass dein Atem wie ein goldenes Licht ist, das sich in deinem ganzen Oberkörper ausbreitet. Schließe dabei die Augen und vertraue auf die heilende Wirkung dieses Lichts. Es wird dich ganz natürlich über deinen Parasympathikus wieder entspannen und deine Atmung frei machen.*

Egal wie intensiv deine Angst ist: Bleibe im ANNEHMEN dessen was ist und gehe NICHT in den WIDERSTAND, denn Widerstand hält die Angst aufrecht und verstärkt sie. Akzeptiere, dass du sowieso nichts tun kannst. Du bist machtlos - und das ist nicht schlimm! Nimm diese Machtlosigkeit an und lasse es „einfach" über dich ergehen, im Vertrauen darauf, dass es seinen Sinn hat, auch wenn du es (noch) nicht verstehst. Es geht vorbei, von ganz allein, ganz sicher!

Freisein von Angst

Ich weiß, ich wiederhole mich, wenn ich nochmals betone, dass du nur dann dauerhaft frei von Angst sein kannst, wenn du ihr begegnest, wenn du dich ihr stellst und die Wahrheit in ihr entdeckst. Das bedeutet, dich selbst zu durchleuchten, offen, ehrlich, ohne Einschränkung und Beschönigung; der eigenen Illusion (des Ego) ins Gesicht schauen, erbarmungslos und ohne Ausflüchte. Das hört sich hart an, radikal und kompromisslos – und das ist es auch. Aber es ist notwendig, weil alles andere Makulatur ist. Du kannst nicht dein Leben lang Medikamente gegen Kopfschmerzen nehmen. Sie beseitigen deinen Kopfschmerz nur flüchtig und phasenweise. Dein Kopfschmerz ist damit nicht geheilt; er kommt immer wieder, weil du der Ursache nicht nachgegangen bist, nicht hingeschaut hast, was dir „Kopfzerbrechen bereitet". So ist es auch mit der Angst. Der Weg in die Heilung ist ganz einfach:

Schau hin, sei ehrlich, sei mutig
und halte den Schmerz aus, wenn er kommt.

Nachfolgend stelle ich dir ein paar konstruktive Methoden vor, mit denen dir die Hintergründe deiner Angst bewusst werden können. Wenn du Klarheit über die Mechanismen deiner Angst hast, bist zu frei.

Klares Ziel setzen

Mache es dir zur grundsätzlichen Aufgabe dich von deiner Angst zu befreien. Setze es als „echtes„ Ziel, so wie du dir alle anderen Ziele setzt und gehe mit ebensolchem Eifer an die Sache, wie du es tust, wenn es sich um ein materielles Ziel handelt. Die zu kaufende Eigentumswohnung darf dir nicht wichtiger sein, als die Wahrheit hinter deiner Angst zu finden, um frei und heil werden zu können. Wenn allerdings das Materielle für dich wichtiger ist als dein geistiger und körperlicher Gesundheitszustand, hast du vielleicht schon eine Antwort darauf, weshalb die Angst da ist.

Möglicherweise ist das auch ein Grund, weshalb du so viel Angst hast dich ehrlich anzuschauen? Kennst du deine wirklichen Werte und lebst du nach ihnen? Hast du dir schon einmal die Frage gestellt, wer du bist? Wer ist Jörg, Peter, Anja oder Steffi? Wer ist dieses Ich, das hier in dieser Welt lebt? Unser Bild von uns selbst ist selten wirklich real, sondern entweder beschönigt oder schlecht gemacht. Und weil du dir so, wie du wirklich bist, nicht gefällst, hast du die Barriere der Angst in dir errichtet, die dich daran hindert, das zu erkennen, was du wirklich bist.

Nutze die Präsenz der Angst, wenn sie da ist, wenn sie sozusagen aktiv ist und stelle dir in dem Moment (sofern keine akute Panik vorliegt) folgende Fragen:

- *Welches „Thema" zeigt meine Angst, worum geht es tatsächlich, was ist der Kernpunkt meiner Angst, welche „Qualität" steckt dahinter? (beobachte das wie in den Projektionsbeispielen dargestellt)*
- *Wovor drücke ich mich vielleicht?*
- *Verwende ich die Angst als „Ausrede" vor mir selbst, weil ich nicht „nein" sagen kann, quasi als Schutz, damit ich etwas nicht tun muss, was ich nicht tun will?*
- *Gehe deine Angstspirale bis zum „worst case" durch: Was geschieht tatsächlich, wenn der schlimmste Fall eintritt?*
- *Was „befürchte" ich wirklich?*
- *Fühle ich Schuld, habe ich mich schuldig gemacht? Habe ich Angst vor Strafe?*
- *Was möchte ich kontrollieren und weshalb möchte ich das? Was (welches Verlangen) steckt hinter meiner Kontrolle?*
- *Welche Gefühle und Emotionen treten auf, wenn ich meinen Zwang nicht ausführe? Welche Gedanken tauchen auf?*
- *Gibt es Wünsche, die ich mir nicht eingestehe, weil sie möglicherweise gegen Norm oder Moral verstoßen?*
- *Gibt es etwas, was ich vor anderen verstecke und nicht eingestehen möchte?*
- *Gibt es etwas, was ich vor mir selbst verstecke und nicht eingestehen möchte?*
- *Was an mir lehne ich möglicherweise ab? Zu welchen Anteilen meiner selbst stehe ich nicht?*

- *Lebe ich wirklich das, was ich bin oder lebe ich das, was ich sein möchte?*
- *Beobachte vor allem deine Gedanken: Was sagen sie? Welche Botschaften übermitteln sie mir?*
- *Gehe in den Dialog, frage: „Angst, was willst du mir sagen? Was willst du mir zeigen? Weshalb bist du da? Was ist deine Ursache?*

Diese Fragen folgen weder einer Wertung oder Reihenfolge, noch musst du genau *diese* Fragen im Angst-Moment stellen. Lass' Fragen einfach kommen, so wie sie frei aus dir heraus auftauchen. Notiere alles was nach oben drängt, jede einzelne Antwort, jede kleine Wahrheit, jede Erkenntnis. Wenn du möchtest, kannst du dir auch bestimmte Zeiten einteilen, zu denen du dich mit deiner Angst auseinandersetzen möchtest. Ein wenig Disziplin kann deinem Ziel nicht schaden!

Angst-Buch

Alles was dir im Zusammenhang mit der Angst spontan einfällt oder was du konkret hinterfragst, trage am besten in ein kleines Heft oder Büchlein ein (wobei du natürlich auch moderne Mittel, wie Notebook, Smartphone oder was auch immer dazu nutzen kannst, wenn du das vorziehst); also alle Antworten auf deine Fragen, Erkenntnisse und Wahrheiten, Gefühle und Emotionen.

Mit „Angst-Buch" ist allerdings nicht das Führen eines Angst-Tagebuches gemeint, was manchmal in Therapien vorgeschlagen wird und worin du deine Angstanfälle dokumentieren sollst. Dies ist nicht unser Vorgehen, weil damit jeder einzelnen Angstsituation Wichtigkeit verliehen wird und genau das wollen wir nicht. Es geht *nicht* um ein *Analysieren*, wir wollen nicht herausfinden, wann und wie oft die Angst kommt, wie lange sie dauert oder welche Heftigkeit sie hat. Nein! Wir würden der Angst damit Aufmerksamkeit schenken, was zur Verstärkung führen kann. Es geht keinesfalls darum, die Angst groß zu machen, indem wir alle einzelnen Punkte einer sorgfältigen Psychoanalyse unterziehen (also zum Beispiel: Was hat die Mutter, der Vater, der Lehrer, Erlebnisse oder sonstige Situationen damit zu tun), sondern lediglich darum, was sie dir „mitteilt", bzw. was sie „verdeckt".

Nimm dir immer wieder Zeit für deine Aufzeichnungen, reflektiere sie, verfolge sie weiter in die Tiefe. So bekommst du Klarheit, was Wahrheit ist. Mit jeder neuen Erkenntnis nimmst du der Angst ihre Schwere; sie wird leichter und durchlässiger, weil immer mehr offenbar wird. Alles was ans Licht des Bewusstseins kommt kann sich auflösen und vergehen ohne dass du noch etwas Bestimmtes dazu tun musst.

Wenn du die Bezeichnung „Angst-Buch" negativ assoziierst, dann gib ihm einfach einen anderen Namen. Deiner Phantasie sind hier keine Grenzen gesetzt.

Wolkenbild

Wenn du willst, kannst du dir deine Angst auch bildhaft vorstellen, zum Beispiel als eine schwarze schwere dichte Wolke. Du kannst dir hier eine kleine Meditation „zusammenbasteln": Sitze oder liege bequem mit geschlossenen Augen und lasse die schwarze Wolke der Angst in deiner Vorstellung entstehen. Fühle die Schwere, aber identifiziere dich nicht mit ihr. Die Wolke bist nicht du, es ist etwas außerhalb von dir, das dich dominieren will. Schau dir die Wolke einfach an und lasse sie immer heller und lichter werden, bis sie ganz durchlässig ist und mit sanftem Licht über dir schwebt. Atme tief diese heilende Leichtigkeit, die deine Wolke dich jetzt fühlen lässt, in dich hinein und genieße dieses angenehme und befreite Atmen für ein paar Minuten, bis sie sich im Nichts auflöst.

Die Analogie zeigt, dass aus dem vermeintlich „Bösen" etwas „Gutes" wird, wenn du seinen Anblick erträgst. Die Verwandlung geschieht dann von alleine; in etwa so, wie der Frosch sich zum schönen Prinzen wandelt, weil die Prinzessin seine Hässlichkeit ertragen und ihn sogar geküsst hat.

Bilder erschaffen Realitäten. Wenn du dieses Bild regelmäßig meditierst, unterstützt es die Auflösung deiner Angst.

Weisheits-Meditation

Wenn du schon einmal meditiert oder Yoga gemacht hast, dir die Stille nicht fremd ist, dann hast du mit der „Weisheits-Meditation“ ein machtvolles Mittel an der Hand, deiner Angst auf den Grund zu gehen. Setze dich auf den Boden (Matte) und nimm' eine Meditationsposition ein, also entweder den Fersensitz, den Schneidersitz, den Yogisitz, den Heldensitz, und wenn das alles nicht geht, dann setze dich mit aufrechtem Rücken auf einen Stuhl.

Um in die Achtsamkeit zu kommen, beginne damit, deinen Atem zu zählen. Zähle nur jedes Ausatmen und fange immer wieder neu an, wenn du vergessen hast, bei welcher Zahl du bist, weil du dich von Gedanken hast ablenken lassen (was ein natürliches Geschehen ist). Mache dies für 3-5 Minuten, so dass der Alltag sich ablösen und Zeitlosigkeit entstehen kann. Lasse dann das Zählen und jede Kontrolle los. Alles darf kommen und gehen, Geräusche, der Atem, Gedanken. Wenn du eine innere Gelassenheit erreicht hast, dann stelle dir *eine einzige Frage* in Bezug auf deine Angst, nur eine Frage. Zum Beispiel: „Was ist die Ursache meiner Angst?“ oder „Warum habe ich Angst vor ...?“ Lasse die Frage 1-3 mal in dich hineinfließen.

Sei gewiss, dass deine „Innere Weisheit“ (Intuition, Bauchgefühl) die Antwort kennt und dass sie dir in Form einer Idee, eines schnellen Gedankenblitzes, präsentiert wird. Hier geht es nicht um das übliche „Kopf-Denken", sondern du spürst, dass die Idee irgendwo tief aus deinem Inneren kommt. Warte aber nicht auf Antwort, denn die Erwartung ist eine Forderung, die ein natürliches Fließen der „Weisheit" verhindert. Versuche ganz gelassen zu bleiben: manchmal kommt eine Antwort, manchmal nicht. Das ist nicht schlimm und muss nicht bewertet werden. Alles geht seinen natürlichen Verlauf, so wie es für dich gut ist und wie du die Dinge verarbeiten kannst. Deine Fragen können sich im Laufe der Zeit verändern und konkreter werden, situationsbezogener oder aktueller, einfach nach deinem jeweiligen Erkenntnisstand.

Du musst jetzt nicht glauben, dass das nur etwas für Menschen ist, die die Stille gewohnt sind. Nein, du brauchst keinerlei Vorkenntnisse, nur deine Bereitschaft zu versuchen, dich darauf einzulassen. Das Wichtigste bei der Sache ist, *nichts* zu erwarten; umso schneller kommst du in die Entspannung.

Personifizieren der Angst

Wenn du möchtest, kannst du der Angst einen Namen geben und sie so „personifizieren", als wäre sie eine andere Person, außerhalb von dir. Wenn du ihr einen witzigen Namen gibst, wirkt das bereits angstlindernd, denn worüber du lachen kannst, darüber stehst du.

Du kannst der Angst auch ein Gesicht geben, sie auf ein Blatt Papier malen. Entweder ein lustiges Gesicht, das du mit (Galgen-)Humor betrachten kannst oder eine böse Fratze, die du an die Wand pinnen und mit Dart-Pfeilen bewerfen kannst, wenn dir diese Variante lieber ist. Im letzteren Fall kannst du so zusätzlich Aggressionen, die du aufgrund deiner Angst dir selbst gegenüber hast, loswerden und zum anderen dich damit motivieren, die Angst schlussendlich zu „besiegen". Aber du darfst es nicht verbissen sehen, sonst gibst du der Angst durch negative Emotionen Kraft. Nein, bleibe auch hier humorvoll und betrachte es als ein Spiel.

Das Personifizieren von Emotionen oder auch Krankheiten, Problemen usw., ist eine alte Heilweise, die u.a. vom Schamanismus angewendet wird. Das, was du als „krank" in dir wahrnimmst, wird als Wesenheit ausgelagert, damit du es „sehen" und auf diese Weise „bekämpfen" kannst. Das bedeuten auch die Dämonen aus dem religiösen Kontext, die „ausgetrieben werden müssen". Mit Dämonen sind alle Dinge gemeint, die deinen Geist „besetzen", also Macht über dich ausüben, was Süchte, Zwänge oder Ängste schließlich tun. So kannst du also auch mit deiner Angst verfahren, indem du sie auslagerst, ihr einen Namen gibst und sie zu etwas machst, was mit dir nichts zu tun und was keine Macht mehr über dich hat.

Im Äußeren gegen die Angst zu kämpfen und sie zu besiegen, macht aber auch nur dann wirklich Sinn, wenn du zuvor ihre Ursache ans Licht geholt hast, wenn dir bewusst ist, was sie verdeckt. Wenn wir das Beispiel des Autofahrens nehmen, dann weißt du, dass die Ursache der Angst nicht das Autofahren als solches ist, sondern dein Unwille, dein Leben selbst in die Hand zu nehmen, selbst zu steuern, selbst Verantwortung zu tragen. Was also auszulagern ist, ist deine Verantwortungslosigkeit; auf die darfst du dann deine Dart-Pfeile werfen.

„Kennen Sie Ihre ureigenen Ängste?
Und was fangen Sie im Allgemeinen mit ihnen an?
Sie laufen vor ihnen davon
oder erfinden Ideen und Trugbilder,
um sie zu verdecken.
Aber vor der Furcht zu fliehen,
bedeutet nur, sie zu verstärken."

Jiddu Krishnamurti

Annahme

Bei allen Vorschlägen, die ich hier gemacht habe, ist eines absolute Notwendigkeit: DU MUSST DEINE ANGST ANNEHMEN! Ich habe dies zwar bereits erwähnt, aber es muss verdeutlicht werden, damit du klar sehen kannst, worum es geht:

Wenn du dich gegen deine Angst stellst, wird sie sich durch deinen Widerstand vergrößern. Denn dieses Ablehnen und Nicht-Wollen erzeugt Energie, die sich schlussendlich gegen dich selbst richtet. Die Angst anzunehmen bedeutet nicht, dass du sie gut heißen musst. Du sollst nur anerkennen, dass sie da ist.

Dieses „ja“ zur Angst reicht schon aus. Sobald du aber weiter in die Bewertung und den Vergleich gehst, hat das Ego dich bereits wieder „eingelullt“. Gehe nicht darauf ein, sage einfach nur „Angst, du bist da, das ist einfach so“. Und erst wenn du sie so angenommen hast, kannst du hinterfragen und deine Gedanken und Gefühle ordnen und zwar aus einer völlig neutralen Position heraus. Gehe „Hand in Hand“ mit deiner Angst. Lass sie deine Freundin sein.

Erwachen

In diesem Kapitel schließt sich der Kreis zu meiner Einleitung, die klar darauf hinweist, dass dein Ego nicht „allmächtig" ist. Und weil es das nicht ist, schickt es die Angst, um diese Wahrheit zu verschleiern. Das ist die Wahrheit!

Dein Ego hat dich völlig konditioniert! Du lässt dir von ihm Angst machen, indem du seiner Stimme folgst, die immer mehr will von dir, die nie zufrieden ist und der du so, wie du bist, nicht genügst. Dein Ego glaubt es wäre Gott und so lange du auf diese Stimme hörst und ihren Befehlen folgst, bist du ihr im Grunde ausgeliefert. Du glaubst keine Wahl zu haben und machst dich zum Sklaven. Entlarve die Machenschaften deines Ego und frage dich, was dich *wirklich* unter Druck setzt, dir Stress bringt, deine Ruhe stört, dir Angst macht. Warum kannst du nicht gelassen sein und das Leben fließen lassen? Was hindert dich daran, einfach du selbst zu sein?

Dir über all das bewusst zu werden ist so, als würdest du aus deinem „Angst(Ego)-Traum" erwachen. Halte inne, spüre deine Empfindungen und lasse dich von deinem inneren Gefühl, deiner Intuition leiten. Durchschaue deine Konditionierungen, was Erwachen bedeutet. Nur wenn du aus deinem „Alptraum" erwachst, hast du überhaupt die Möglichkeit, Verantwortung für deine geistige

Gesundheit zu übernehmen. Die körperliche stellt sich dann automatisch ein, weil beide miteinander verbunden sind.

Sei achtsam, erkenne immer mehr wer du bist und was du wirklich willst und lasse dich von deinem Ego nicht mehr eingrenzen. Du kannst deine Angst am schnellsten heilen indem du sie konstruktiv als Wegweiser nutzt, wie ich das im Kapitel „Angst als Leitfaden" beschrieben habe. So entmachtet sich das Ego schlussendlich selbst.

„Wenn Sie die Furcht beobachten und mit ihr leben –
und das muss nicht einen ganzen Tag dauern,
es braucht nur eine Minute oder eine Sekunde zu sein,
um das Wesen der Furcht zu erkennen –,
wenn Sie mit ihr so ungeteilt leben,
fragen Sie unvermeidlich:
‚Wer ist denn das Wesen, das mit der Furcht lebt?
Wer ist es, der die Furcht beobachtet?'"

Jiddu Krishnamurti

Perspektivenwechsel

Ich habe in diesem Büchlein einen Weg dargestellt, wie du deine einzelnen Ängste heilen kannst, denn in der „dualen“ Welt ist es gewöhnlich mit nur einer Angst nicht getan. Was bedeutet „duale Welt“? Die duale Welt entsteht, wenn du dein Ego als das akzeptierst, was du bist, dich also mit ihm identifizierst. Das Ego vergleicht, bewertet, ist immer unzufrieden mit dem was ist und will immer mehr. Darauf bin ich mehrfach eingegangen. Die duale Welt des Ego ist eine Welt der Gegensätze und Unterscheidung und du bist darin gefangen.

Wenn du bereits erkannt hast, dass dein Ego hinter allem Übel steckt und dich mit „spirituellen Weisheiten“ auseinandergesetzt hast oder wenn du sehr leidest und den brennenden Wunsch hast, dich auf einem Schlag von all' dem zu befreien, so kannst du wie folgt vorgehen:

Anstatt deine Ängste einzeln zu hinterfragen, begrenze dich nur auf *eine* der folgenden Fragen: Wer ist es, der Angst hat? Oder: Wer hat Angst? Gehe vor wie unter „Meditation“ beschrieben. Lasse die ausgewählte Frage in dich fließen und warte ab, ob eine Antwort aus deinem Inneren aufsteigt. Manchmal ja, manchmal nein und manchmal mehrere, die du jeweils tiefer hinterfragen kannst. Der Unterschied zur Befragung einzelner Ängste ist der, dass dieser Weg direkt die *eine* Ursache aller Ängste anspricht! Du weißt zwar bereits, wer für deine Angst verantwortlich ist, weil ich es hier beschrieben habe, aber das „Verstehen durch den Verstand“ reicht nicht aus! Du musst die Antwort fühlen, genau spüren, was Wahrheit ist. Es macht „klick“ und das ist das „Erwachen aus dem Angst/Ego-Traum“.

Wenn du bisher nichts mit Spiritualität zu tun hattest, kann diese Sicht dich möglicherweise irritieren oder gar überfordern. Wenn das so ist, dann arbeite mit den Vorschlägen, die ich hier dargestellt habe und gehe deinen Heilungsweg aus der Angst Schritt für Schritt, so wie es dir entspricht und gut für dich ist. Das ist völlig in Ordnung und der bisher üblich gewählte Weg. Triff deine Wahl, wie du deine Angst angehen möchtest, ganz unbeirrt von einer äußeren Betrachtung. Es geht weder um Wissen, Fortschritt oder Schnelligkeit. Lasse keinesfalls deinen Verstand darüber entscheiden, wie du deine Angst heilen möchtest, denn dein Verstand möchte die Angst ja überhaupt nicht loswerden, weil er (also das Ego) ja selbst die Angst macht. Nur dein inneres Gespür kann diese wichtige Entscheidung für dich treffen. Fühle hinein und praktiziere das, was dir angenehm ist. Probiere einfach Verschiedenes aus. Du wirst den für dich geeigneten Weg aus der Angst erspüren, ganz sicher!

Eines sollte jedoch erwähnt werden: Wenn du die Wurzel deiner Angst gefunden hast, dann kann es sein, dass dich diese Wahrheit nicht nur von deiner Angst befreit; du erkennst ebenso, dass du nicht (nur) dein Ego bist und das heißt, dass du auch befreit wirst von „krankmachenden" Konditionierungen und von allem Druck, jemand anderer sein zu müssen, als du bist.

Du bist damit automatisch auf der Ebene der „Einheit" gelandet. Alles ist dort so, wie es ist, nicht schlechter, nicht besser. Und das ist der Perspektivenwechsel, der dann stattfindet und den auch alle spirituellen Sucher anstreben: Nichts mehr wird bewertet. Alles darf einfach so sein wie es ist und in diesem *So-Sein* lebt das Gefühl von Grenzenlosigkeit.

Wenn dir dieser Gedanke gefällt und dir ein gutes Gefühl macht, dann ist das ganz wunderbar für dich. Wenn dich diese Aussicht aber verunsichert, weil diese Sicht völlig neu für dich ist, zeigt das nur, wie stark dein Ego in dir wirkt, was der überwiegend gelebte, unbewusste Zustand des Menschen ist. „Der Weg der kleineren Schritte" ist dann der sinnvollere für dich, was ebenso wunderbar ist! Es wäre niemandem nützlich, möglichst schnell „ans Ziel" kommen zu wollen, weil du damit wichtige Einsichten überspringen würdest, was die Befreiung verhindert.

(Mehr zum Perspektivenwechsel siehe Anhang)

Angst, was willst du mir zeigen?
Was darf ich nicht länger verschweigen?

Werfe ins Dunkel mein Licht,
damit ich erkenne dein schönes Gesicht!

Ina

Danksagung

Allen voran danke ich meiner größten Lehrerin: der Angst! Ohne sie hätte ich die Wahrheit nicht gefunden, ohne sie wäre ich nicht frei!

Ich danke allen Menschen und Tieren, die mich in meinem Leben begleiten und begleitet haben und der Natur die mich umgibt; von jedem einzelnen durfte ich lernen.

Ich danke meiner lieben „JA", Anja Parun, dafür, dass sie das was ich schreibe ernst nimmt und meine Büchlein an alle möglichen Menschen in der „Glitzerwelt" verteilt.

Ich danke dir, dem Leser, dass du dir die Zeit genommen hast, mein kleines Buch zu lesen. Möge es seinen Sinn erfüllen und dir nützlich sein auf deinem Weg in die Freiheit.

Und ich danke dem Leben, dass es so ist wie es ist!

DANKE

Perspektivenwechsel

*Der Sinn meiner Bücher ist für mich der,
dich zu einem „Perspektivenwechsel" anzuregen:*

*Heraus aus der Begrenzung und Einengung deines Ego
und hinein in die „übergeordnete Sicht"
einer universellen Wahrheit.
Du kannst auch sagen:
Heraus aus der komplexhaften Welt der Dualität und
hinein in die „All-Sicht" einer „Einfachheit",
in der keinerlei Ängste oder Sorgen existieren.*

*Alle Probleme, die du hier in dieser Welt hast und lebst,
sind von dir (deinem Ego) selbst erschaffen;
ob es dir gefällt oder nicht – es ist so!*

*Und weil sich Leid, Ängste und Probleme nicht wirklich auf
der (dualen) Ebene ihrer Entstehung lösen lassen,
ist ein „Überstieg" in die „All-Sicht" notwendig.
Wenn du möchtest, bin ich dir hier gerne behilflich:*

*Bringe dein Problem in 1-3 Fragen auf den Punkt
und richte sie in einer Mail an:*

martina.kern@t-online.de

*Ich werde deine „Lebensfragen"
KOSTENFREI
für dich beantworten.*

Bereits erschienenes Buch von Ina Kern

Erstaunlich offen und mit einfachen Worten beschreibt Ina Kern ihren Weg in die Freiheit.
Dabei spricht sie von persönlichen Krisen, Irrtümern und mystischen Phänomenen, die kein Geheimnis offen lassen.
Wichtige Einsichten erklärt sie anhand einfacher Zeichnungen. Ein Leitfaden zur Selbsterkenntnis.

Zu bestellen bei Amazon, im Buchhandel oder tao.de

Paperback ISBN 978-3-96051-002-4

Bereits erschienenes Buch von Ina Kern

Durch ihre psychologische Arbeit mit vielen hilfesuchenden Menschen und aus ihrer spirituellen Einsicht wurde es für Ina Kern immer offensichtlicher, dass das Thema „Selbstwertgefühl" Ursache vieler Probleme ist und den Menschen in seiner „Opferrolle" hält.
Sie erkannte, dass ohne Selbstwert-Sein, sich das Leben leichter und freier gestaltet und die Konflikte mit dem Umfeld und sich selbst verschwinden.
Ein paradoxer Ansatz, der umso mehr wirksam ist, als alles andere, was bisher in Psychotherapien und Selbsthilfebüchern angeboten wird.

Zu bestellen bei Amazon, im Buchhandel oder tao.de

Paperback ISBN 978-3-96051-197-7